"틱낫한은 성인聖人이다. 겸손하고 열렬하기 때문이다. 그는 광대한 지적 능력을 가진 학자이다. 평화에 대한 그의 생각은 세계교회주의, 온 세상의 형제애, 인류에 기념비적인 금자탑을 세울 것이다."

— 마틴 루서 킹, 목사

"틱낫한의 책 가운데 가장 다정하고 개인적으로 가장 뜻이 깊다. 이 책은 그가 심은 경이로운 지혜의 씨앗을 잘 보여준다."

— 잭 콘필드, 임상심리학 박사,《마음의 숲을 거닐다》저자

"틱낫한은 위대한 스승이다. 나는 평생 감사와 기쁨으로 그와 그의 책과 구절을 공부해 왔다. 그의 글, 그가 우리에게 준 것, 그의 통찰을 통해서 나는 꿰뚫어 보는 힘과 분명함을 얻었다. 그보다 더 명쾌하고, 결연하고, 용기 있는 영혼을 발견하기는 불가능하다."

— 앨리스 워커, 소설가,《칼라 퍼플》저자

"틱낫한의 가르침과 마음챙김 수행은 평생 동안 내 인생 여정에 깊은 영향을 미쳤다. 그는 우리 앞의 길을 밝히는 지혜의 등불이며, 우리 자신과 세상을 위해 평화를 만드는 데 필요한 자비와 사랑, 이해를 가져온다."

— 마크 베니오프, 세일즈포스 회장&CEO

"틱낫한은 평화 그 자체이다."

— 엘리자베스 길버트, 《먹고 기도하고 사랑하라》 저자

"틱낫한의 말은 물과 같다. 담백하고 순수하고 투명하다. 생명을 위해 반드시 필요한 말이다."

— 알레한드로 곤잘레스 이냐리투, 〈버드맨〉, 〈레버넌트〉 영화감독

"나는 틱낫한을 1968년 파리에서 처음 만났다. 대안문화가 등장하고, 베트남전쟁을 반대하는 시위가 일어나던 무렵이었다. 당시 파리에서 그의 존재는 메마른 대지의 더위를 식혀주는 빗줄기 같았다. 그 이후 50년이 지나도록 그는 인류의 양심으로 존재해 왔다. 그는 영적인 깨달음, 사회적인 조화로움 그리고 생태적인 자각의 자비로운 결정체였다. 그를 알고, 그의 가르침을 따른다는 사실은 내 삶의 기쁨이다."

— 사티시 쿠마르, 평화&생태 운동가, 슈마허 대학교 설립자

"우리 시대의 가장 위대한 스승 가운데 한 명이다. 《젊은 틱낫한의 일기》 속에서 존경하는 이 위대한 시인은 가슴에 사무치게 깨달음과 삶 그 자체의 핵심을 드러낸다."

— 로버트 서먼, 컬럼비아 대학교 종교학과 교수

젊은 틱낫한의 일기

나를 만나는 길 1962-1966

Fragrant Palm Leaves
by Thich Nhat Hanh

젊은 틱낫한의 일기

1판 1쇄 인쇄 2023. 01. 02.
1판 1쇄 발행 2023. 01. 22.

지은이 틱낫한
옮긴이 권선아

발행인 고세규
편집 강지혜 디자인 이경희 마케팅 김새로미 홍보 반재서
발행처 김영사
등록 1979년 5월 17일 (제406-2003-036호)
주소 경기도 파주시 문발로 197(문발동) 우편번호 10881
전화 마케팅부 031)955-3100, 편집부 031)955-3200 | 팩스 031)955-3111

값은 뒤표지에 있습니다.
ISBN 978-89-349-6187-1 03220

홈페이지 www.gimmyoung.com   블로그 blog.naver.com/gybook
인스타그램 instagram.com/gimmyoung   이메일 bestbook@gimmyoung.com

좋은 독자가 좋은 책을 만듭니다.
김영사는 독자 여러분의 의견에 항상 귀 기울이고 있습니다.

젊은 틱낫한의 일기

나를 만나는 길 1962-1966

Fragrant Palm Leaves

틱낫한 | 권선아 옮김

김영사

이 책의 원제인 '프엉보이(Phuong Boi, 향기로운 종려나무 잎)'
는 우리 몇이 불교를 새롭게 하려고 노력하며 1957년 베트
남 중부에 일군 사원의 이름이다. '프엉'은 '향기로운' '드문'
'소중한'을 의미한다. '보이'는 고대에 부처님의 가르침을 적
었던 '종려나무 잎'을 뜻한다.

nhat hanh

일러두기

1. 본 도서에 소개되는 인물의 이름 가운데 동일한 인물임에도 저자가 이름이나 성만 쓴 경우도
   있고, 이름과 성을 함께 쓴 경우도 있어, 통일하지 않고 원서 표기를 따릅니다.
2. 본 도서의 주석은 모두 옮긴이 주입니다.
3. 본 도서는 저자가 미국에 머물며 프린스턴과 컬럼비아 대학교에서 연구하던 시절(1962~
   1963)과 베트남에서 사회적 실천를 위한 불교 운동에 헌신하다가 전 세계에 평화를 호소하기
   위해 조국을 떠나기 직전(1964~1966)까지 쓴 일기를 엮은 것입니다. 본 도서의 마지막 일기
   를 쓴 1966년 5월 11일 이후 저자는 남과 북 가운데 그 어느 편도 들지 않고 오직 평화를 원했
   다는 이유로 39년 동안 조국 베트남으로 돌아가지 못하는 운명을 맞았습니다.

차례

틱낫한 스님은 제가 존경하는 영적 형제입니다. 우리 둘은 어
린 시절부터 승려였고, 세상을 더 평화롭고 조화로운 곳으로
만드는 것을 지향하며, 자비와 사랑을 북돋는 일에 헌신하고
있습니다.

이 책에 모아진 글들은 한 불교 수행자의 생각과 감정을 들
여다볼 수 있는 아름다운 창입니다. 비록 조국에 전쟁이 터지
고, 그로 인해 불안을 느끼던 시기에 쓰였지만, 그는 이 일기를
통해 조국과 동포에 대한 사랑을 보여주며 낙관과 우정을 표현
합니다. 이 책은 베트남에 바치는 시입니다. 1966년 공식적으
로 망명객의 몸이 된 그는, 2005년이 되어서야 비로소 고국으
로 돌아갈 수 있었습니다.

'자기 안의 평화, 세상의 평화'를 전하며, 틱낫한 스님은 평

화로운 세상을 만들기 위해서는 우리 내면에서 평화와 사랑을 일구어야 한다고 알려주었습니다. 이를 위해서 우리는 욕망과 질투 그리고 화를 내는 이기적인 경향에 맞서야 합니다. 이것은 결코 쉬운 일이 아니지만 만일 우리가 바라는 평화롭고 행복한 세상을 이루고 싶다면 반드시 해야 하는 매우 중요한 일입니다.

종교를 넘어서 전 지구적인 도덕을 만들려는 틱낫한 스님의 노력은 저도 공유하는 목표입니다. 저는 오늘날의 교육이 우리의 일과 삶에 적용할 수 있는 자비롭고 다정한 자질을 개발하는 방법을 가르치는 데에 더 역점을 두기를 바랍니다.

오늘날 우리는 지구온난화와 점점 더 커지는 빈부격차 같은 존재의 도전에 직면해 있습니다. 이제 학교는 청소년에게 긍정적인 가치를 심어주고, 그들이 존재를 위협하는 거대한 도전에 맞설 수 있도록 도와야 합니다. 《젊은 틱낫한의 일기》에 그려진 틱낫한 스님의 훌륭한 삶은 한 평범한 승려의 내면 수행이 수많은 사람들의 삶에 얼마나 선한 영향을 미칠 수 있는지를 보여주는 크나큰 응원입니다.

달라이 라마
2020년 6월 1일

미국 1962~1963

1962. 6. 26.

뉴저지, 메드퍼드

나는 지금 뉴저지 북부 숲속의 '포모나'라고 불리는 오두막에 있다. 어둔 밤에 도착하여 미처 알지 못했는데, 다음 날 아침 이곳의 아름다움과 평화로움을 보고 깜짝 놀라고 말았다. 이곳의 아침은 '프엉보이'를 떠올리게 한다. 프엉보이는 우리가 베트남 중부 산악지대에 지은 사원으로, 우리는 상처를 치유하고 삶을 더 깊이 누리고자 그곳을 만들었다. 새들의 노래는 숲을 가득 채우고, 빛의 무리 속에서 모아진 햇빛은 더없이 찬란했다.

올해 초 뉴욕에 도착했을 때, 잠을 이룰 수가 없었다. 소음이 아주 심했고 새벽 3시가 되도록 조용해지지 않았다. 한 친구가 귀마개를 주었는데, 그것도 편하지 않았다. 며칠이 지나고서야 조금씩 잠을 자기 시작했다. 그것은 익숙함의 문제였다. 시끄럽게 째깍거리는 시계 소리가 들리지 않으면 잠을 잘 수 없는 사람들도 있다. 소설가인 꾸옹이 프엉보이에서 하룻밤을 보낼 때, 그는 사이공의 교통 소음에 너무 익숙해져서 도리어 다이라오 숲의 깊은 고요함을 힘들어했고, 밤새 잠들지 못하고 내내 깨어 있었다.

　나는 이곳 포모나에서 깊은 고요함 속에 잠을 깼다. 새들의 노래는 소음이 아니며, 침묵의 느낌을 더 깊게 해주었다. 나는 승복을 입고 밖을 걸었다. 그리고 내가 낙원에 있다는 것을 알았다. 포모나는 달랏(베트남 남부 럼동 성의 성도로, 해발 1400미터 정도 높이의 고원지대에 위치함)의 쑤언흐엉 호수보다 훨씬 더 큰 호숫가에 있다. 그 호수는 아침 햇살을 받아 반짝이고, 나무가 늘어선 기슭은 온갖 모양과 색깔의 잎으로 가득해 여름이 이울어 가을로 향해가고 있음을 알렸다. 나는 컬럼비아 대학교의 가을 학기가 시작되기 전, 몇 주간 도시의 열기를 피해 숲에서 지내기 위해 이곳에 왔다.

　도착한 첫날 아침에 희미한 웃음소리가 내 귀를 간지럽혔다. 나는 승복의 단추를 잠그는 동안에도 그 소리에 귀를 기울였고, 잠시 뒤 내 오두막에서 통나무집이 점점이 있는 숲속 공터로 이어진 길로 나왔다. 그곳에서 수많은 아이들이 야외 세면장에서 이를 닦고 세수하는 것을 보았다. 그곳은 체로키 빌리지로, 일곱 살에서 열 살 사이의 아이들이 하룻밤을 보내는 캠프였다. 그리고 다른 여러 빌리지와 함께 오카니콘 캠프를 이루었다. 나는 그날 하루 종일 체로키 빌리지에서 소년들과 놀았다. 그들은 '다티노'라고 불리는 하얀 반점이 있는 금색의 어린 사슴을 발견하고는 오트밀과 우유, 부드러운 양배추 잎을 섞어 먹이를 주었다.

이곳에 올 때 책 몇 권을 가지고 왔는데 읽을 시간이 없다. 숲이 이토록 고요한데, 호수가 이토록 푸른데, 새들의 노래가 이토록 맑은데 내가 어떻게 책을 읽을 수 있겠는가? 어떤 날 아침에는 내내 숲속에 머문다. 나무 아래를 느긋하게 걷고, 부드러운 이끼 위에 누워 팔짱을 낀 채 하늘을 올려다본다. 그런 순간들에 나는 다른 사람이다. 아마도 '진정한 자아'라고 말하는 것이 정확하리라. 나의 지각, 느낌, 생각은 뉴욕에 있을 때와 같지 않다. 이곳에서 일어난 모든 일은 더 밝고 기적 같다!

나는 어제 호수의 북쪽 끝까지 1.6킬로미터 이상 카누를 저어서 갔다. 수련들 사이에 카누를 멈추고, 석양이 하늘을 보랏빛으로 물들이기 시작할 때에야 비로소 돌아왔다. 어둠이 금세 밀려왔다. 만일 한순간이라도 더 지체했다면 나는 포모나의 선창으로 돌아오는 길을 찾지 못했을지도 모른다.

이곳 숲에는, 프엉보이처럼 도금양 열매가 열리진 않지만, 달콤한 딸기류 열매인 보라색의 블루베리가 열린다. 오늘 나는 여덟 살 소년 두 명과 함께 블루베리를 따러 갔고, 입이 온통 파래질 때까지 잔뜩 따 먹었다. 소년들은 내내 재잘거렸다. 한 아이가 어젯밤 무서운 것을 보았는데, 뿔 달린 괴물이 손을 텐트 안으로 집어넣어 자고 있던 소년들을 움켜잡았다고 했다. 소년은 확신에 차서 말했는데, 그 괴물은 틀림없이 밤에 아이들을 둘러보러 온 캠프 지도원 가운데 한 사람이었을 것이다. 그 소년이 뒷걸음질로 내게 다가와 큰 소리로 "제 말을 믿지 않으시는군요, 그렇죠?"라고 물었고, 나는 살짝 미소를 지으며 계속해서 블루베리를 땄다.

"믿지, 그런데 아주 조금만." 내가 대답했다.

"왜요?"

"왜냐하면 네 말을 믿기 힘들기 때문이지. 그 말을 믿으려면 엄청난 노력이 필요하단다."

아이는 시무룩했다. 그날 저녁에 그 두 소년이 포모나에 왔고, 둘 다 괴물을 보았다고 주장했다. 그들은 확신에 차서 말했고, 나는 인정해야만 했다.

"그래, 나는 너희 둘을 믿어."

그들은 득의양양해하며 체로키 빌리지로 돌아갔다.

이런 날들을 보내며 나는 늘 프엉보이를 그리워한다. 다이라오 숲은 이곳보다 훨씬 더 울창하고 자연이 그대로 보존되어 있다. 심지어 우리는 그곳에서 호랑이도 만났다! 나는 수많은 밤에 프엉보이 꿈을 꾸지만 꿈속에서는 언제나 어떤 장벽이 가로막혀 있어 들어갈 수가 없다. 프엉보이를 그리워하면 할수록 더 큰 슬픔을 느낀다. 프엉보이는 우리의 조국이었다. 응우옌홍 스님이 늘 말하곤 했던 것처럼 "프엉보이는 우리에게 속한 것이 아니다. 우리가 프엉보이에 속했다." 우리의 뿌리는 그 땅속 깊이 박혀 있다. 사람들은 슬픈 기억만이 오래 기억된다고 말하지만 사실이 아니다. 그곳에서 보낸 날들은 우리 삶의 가장 행복한 날들이었다. 그리고 이제 우리는 그 기억 덕분에, 그 어느 곳에 있든 해바라기가 태양을 향하듯 프엉보이를 향한다.

우리가 프엉보이에 처음 도착했을 때 응우옌홍 스님은 달랏에 살고 있었다. 우리는 베트남 사람들의 삶에서 불교의 이상을 실천하려고 노력하다 너무도 많이 실망했고 매우 괴로웠다. 응우옌홍 스님은 나보다 열 살이 어렸지만 이미 나만큼이나 많이 실망했다. 우리는 조국의 상황 때문에, 불교의 현실 때문에 고통스러웠다. 사람들의 염원을 이끌어낼 수 있는 풀뿌리 불교를 만들려고 노력했지만 열매를 거두지 못했다. 나는 인본주의적이고 통합된 불교의 신념을 널리 알리기 위해 글을 쓰고 책을 펴내고, 불교총연합The General Buddhist Association(1951년 베트남 남부에 설립된 불교 단체) 기관지를 비롯한 잡지를 편집하였다. 하지만 2년이 채 되지 않아 그 기관지의 출판이 중지되었다. 그 연합은 자금 부족 때문이라고 했지만, 실제 이유는 베트남 불교 지도자들이 내 글을 인정하지 않았기 때문이다. 한 회의에서 그들은 "우리 잡지를 이용해 우리에게 불교 공동체 통합에 대해 설교한 사람은 아무도 없다!"라고 선언했다.

우리는 길을 잃었다고 느꼈다. 우리가 불교의 방향에 영향을 미칠 기회는 사라져버렸다. 불교 지도층은 너무 보수적이었다.

우리에게 꿈을 이룰 그 어떤 가능성이 있었을까? 아무런 지위도 없고, 구심점도 없었던 젊은 우리에게. 나는 너무 아파서 죽을 지경이었고, 블라오(베트남 남부 럼동 성의 도시) 지역에 있는 작은 사원에 가서 살기 위해서 그 도시를 떠났다. 우리와 뜻을 같이하던 다른 친구들 역시 바람 속으로 흩어졌다. 그것이 끝이라고 느꼈다.

하지만 나는 블라오에서도 평화를 찾을 수 없었다. 그곳에 있는 사원도 역시 불교 지도층의 일부였다. 때때로 지에우암 스님이 드지링(베트남 남부 럼동 성의 작은 마을로 지린 현의 프랑스식 표기)에서 약과 오렌지를 가지고 찾아오셨다. 그 스님 덕분에 우리는 프엉보이를 현실로 만들 용기를 낼 수 있었다. 지금 스님은 땅속에 평화로이 계신다.

나는 프엉보이의 시작에 대해서 많은 생각을 해왔고, 1957년 가을, 지에우암 스님에게 고백했다. "우리는 마지막 닻을 잃어버렸어요. 아마 수행이 충분하지 못해서인 것 같습니다. 우리는 수행에 매진할 암자가 필요해요. 저희를 도와주실 수 있을까요?"

스님은 우리에게 기꺼이 매화숲을 내어주고, 자신은 후에(베트남 중부 투아티엔후에 성의 도시로, 응우옌 왕조의 옛 수도)에 있는 티엔민 사원으로 돌아가겠다고 했다. 하지만 그 절로 가면 스님은 어떤 지위도 가질 수 없었다. 그 마음이 얼마나 다정하고 귀한가. 나는 미소를 지으며 말했다. "후에로 돌아가라고 스님께 부탁드리

느니 차라리 우리가 암자 없이 지내는 편이 낫습니다!"

지에우암 스님은 드지링에 있는 고요한 매화숲에 머물고 계셨다. 그래서 우리가 프엉보이 입구에 있는 다리 이름을 '매화교'라고 지은 것이다. 그 다리는 얼마나 아름다웠던가. 비록 지금은 부서지고 산산이 스러져버렸지만.

우리의 신념은 많은 좌절을 겪으며 타격을 입었다. 우리는 상처를 치유하고 스스로 보살필 수 있는 곳, 그리고 새로운 시작을 준비할 곳이 필요했다. 이런 대화를 나누다 암자를 지으리라는 결심이 탄생했다. 그리고 그 결심이 가능한 곳으로 다이 라오 숲을 선택했다. 그곳은 넓고 외지고 조용하였다. 넓은 땅과 명상할 수 있는 산, 맑은 시내와 정원 그리고 걸을 수 있는 오솔길이 있었다. 암자에 대한 생각은 마치 사막의 여행자에게 시원한 물처럼, 어린아이에게 선물처럼 우리 마음을 끌어당겼다. 우리는 우리 시대 사람들이 수행을 하고자 할 때 힘쓸 수 있는 곳을 꿈꾸었다. 다이 라오 숲은 블라오에서 북쪽으로 6.5킬로미터쯤 떨어져 있고, 그곳에는 그 지방에서 가장 높은 산들이 우뚝 솟아 있다. 당시 그 숲은 고산족인 몽타나드(베트남 중부 고원지대에 사는 주민. 프랑스어로 '산의 사람들'이란 뜻) 소유였다. 그리고 그들은 그 땅을 매우 싸게 팔았다. 고속도로 양쪽에 있는 부지는 개발을 위해 개간되거나 원시림으로 보존되었다.

맨 처음 흙길을 운전해서 깊고 신비로운 다이 라오 숲으로 올라갔을 때, 지에우암 스님, 지에우 그리고 나는 우리가 미래를 보고 있음을 알았다. 프엉보이라는 이름은 소중한 불교 문화의 뿌리를 섬기려는 우리의 이상을 표현한 것이다. '프엉'은 '향기로운' '드문' '소중한'이란 뜻이고, '보이'는 고대에 부처님의 가르침을 적던 '종려나무 잎'을 뜻한다.

부근 숲은 브수당글루라는 마을의 관할구역이었다. 몇 주가 지난 뒤 지에우암 스님, 지에우 그리고 나는 우리가 원하는 약 24헥타르의 땅을 정했고, 그 값으로 6,500피아스터(약 90달러)를 치렀다. 깐깐하지 않은 몽타나드 사람들을 이용하려고 한 것이 아니라, 그것이 그곳 땅의 시세였다. 실제로 우리는 3,500피아스터(50달러)를 더 얹어주었고, 크브리우와 크브로이라는 이름의 두 사람과 계약을 마무리지었다. 그들은 친절했고, 둘 다 읽거나 쓸 줄 몰랐다. 하지만 블라오 지역 대표인 크브레스와 그 구역 대표 크딘은 읽고 쓸 수 있었다.

1957년 8월 어느 맑은 날, 투에와 나는 서류에 서명하기 위해 대표의 사무실에 도착했다. 나는 거기에 '낫한'이라고 서명했다. 내가 문서에 처음 한 서명이었다. 계약서의 제일 아래에는 크브리우, 크브로이 그리고 브수당글루 부대표의 지문 그리고 크브레스와 크딘 그리고 나의 서명이 있었다. 그렇게 나는 부동산을 소유하게 되었고, 나중에 공산주의자들은 이 사실을 들어 나를 공격했다.

1962. 7. 18.

뉴저지, 메드퍼드

여러 날 동안 비가 계속 내린다. 포모나의 지붕에 비가 새고 내 책상 위의 책들도 흠뻑 젖었다. 나는 책상을 여러 번 옮겼고, 오늘 아침에야 비로소 마른 곳을 찾았다.

어젯밤, 레인저 빌리지의 소년들 스무 명이 불교에 대한 이야기를 듣기 위해 내 오두막을 찾았다. 나는 이번 달 내내 캠프에 초청 연사로 참여하며 지냈다. 총 여덟 그룹에서 강연을 했는데, 그중에는 가장 어린 소년들이 있는 체로키 빌리지도 있었다. 레인저 빌리지 아이들이 캠프에서 가장 나이가 많았다. 소년들은 벽난로에 땔 나무를 한 아름씩 가져왔다. 쌀쌀한 저녁이면 벽난로에 피운 따뜻한 불이 포모나를 아늑하게 만든다.

소년들과 나는 불 주위에 모여 앉았다. 나는 행자(출가했지만 아직 계를 받지 못한 불교 수행자)들이 입는 회색 바지와 짧은 승복을 입었다. 그리고 이것이 베트남의 불교 행자들이 매일 입는 옷이라고 말하며 이야기를 시작했다. 그러고는 아이들에게 "계를 다 받은 스님은 저기 구석에 걸린 것 같은 밤색 승복을 입어야 하지. 하지만 나는 행자 옷을 입고 싶단다. 그러면 젊어진 기분이 들어"라고 말했다. 그런 다음 승복으로 갈아입고, 베트남 스님들은 밤색 옷을 입는 농부와 자신을 동일시하며 밤색 옷을 입는다고 설명했다. 그다음 승가리僧伽梨(왼쪽 어깨에서 오른쪽 겨드랑이 밑으로 걸치는 승려의 법의法衣)를 입고 이 노란 승복은 특별한 의식을 위해서 입는 것이라고 말해주었다. 나는 남방 불교(스리랑카, 미얀마, 태국, 캄보디아, 라오스 등에 전파된 상좌부 불교)와 북방 불교(중국, 한국, 일본, 베트남, 티베트 등에 전파된 대승 불교)에 대해서 설명하고, 불교의 지혜 그리고 불교와 그리스도교가 닮은 점에 대해서도 조금 이야기했다.

아이들은 열심히 귀를 기울였고, 언제나 질문이 많았다. 그들의 호기심은 끝이 없다! 그들은 "왜 절에는 곡선으로 된 지붕이 있나요?" "스님은 채식주의자인가요?" "불교 승려는 결혼을 할 수 있나요?" "불교는 예수에 대해 어떻게 생각하나요?" 같은 질문을 했다. 수업을 마무리하기 위해 — 벌써 11시였다 — 나는 〈끝없는 고통 뿌리 뽑기Uprooting Boundless Suffering〉를 독송했다.

아이들이 떠나고 난 뒤 난로에 장작을 조금 더 넣고 불꽃을 바라보며 앉아 있었다. 밖에는 여전히 비가 쏟아지고 있었고, 나는 사이공, 후에 그리고 프엉보이에도 비가 내리고 있는 모습을 상상했다. 탄뚜에 스님의 편지에는 프엉보이에 몇 주째 비가 내리고 있고, 몽타나드의 집 지붕 한 부분이 바람에 날아갔다고 적혀 있었다. 그것을 고칠 계획인지 아니면 바람에 집 전체가 날아가게 내버려둘 계획인지는 모르겠다. 우리는 가장 높은 언덕 꼭대기에 몽타나드의 집을 짓기 위해 아주 열심히 일했다. 지붕의 가파른 경사를 마치 기도나 인사를 위해 두 손을 모은 모습처럼 뾰족하게 만들었다. 우리는 그곳에서 공부를 하고, 계획을 세우고, 차를 마시고 음악을 들으면서 수많은 행복한 시간을 보냈다. 그럴 때는 보통 일본식으로 무릎을 꿇고 앉아 있었지만 발과 다리가 아프면 한쪽으로 두 다리를 모아 접고 앉는 캄보디아식으로 자세를 바꾸었다. 책상다리는 앉아서 명상할 때만 했다.

오늘 밤 나는 프엉보이에 응우옌홍, 투에, 탄뚜 그리고 땀후에와 함께 앉아 있는 모습을 상상하며 조용히 미소지었다. 우리 한 사람 한 사람은 응우옌홍 스님이 말했던 것처럼 프엉보이에 속해 있다. 나는 스님이 나만큼 프엉보이를 그리워하는지 궁금하다.

약 24헥타르의 땅을 사고 나자 우리에게 남은 돈이 없었다. 심지어 약을 살 돈조차 충분하지 않았다(나는 여전히 몸이 좋지 않았다). 그래서 다이하 아저씨와 함께 4헥타르의 땅을 개간하여 차나무를 심기로 했다. 그리고 그 땅을 개간하는 것을 도와줄 몽타나드 사람들 서른여섯 명을 고용했다. 한 달 뒤 벌채목이 다

마르자 그것들을 태웠다. 그런 다음 차 씨앗을 심기 위해 우기가 시작될 때까지 기다려야 했다. 차나무에서 수확을 할 수 있을 때까지는 시간이 좀 걸릴 것이다. 그래서 돈을 벌 만한 다른 일도 찾아야 했다. 탄뚜에 스님은 밀린 내 인세를 받기 위해 사이공에 있는 여러 출판사를 방문했다. 지에우암 스님은 보시금을 조금 주었고, 덕분에 우리는 계속 일할 수 있었다.

다섯 달 뒤 어느 맑은 날 아침, 지에우암 스님, 탄뚜에 스님 그리고 나는 다이하 아저씨를 따라 숲으로 들어갔고, 힘을 합쳐 그 숲을 어린 차나무 언덕으로 바꾸었다. 다이하 아저씨는 나무 심는 것을 도울 몽타나드 일꾼들을 고용했다. 그는 정말 불심이 깊었다. 숲은 습했고 오솔길은 잘 보이지 않았다. 우리는 다리에 달라붙은 거머리를 떼어내기 위해 여러 번 멈추어야 했다. 다이하 아저씨는 거머리를 전혀 신경 쓰지 않았다. 그는 언젠가 다리에 거머리가 잔뜩 붙어 대나무 실을 위아래로 움직여 그것들을 떼어내야 했다고 말했다. 탄뚜에와 나는 거머리 때문에 좀 불안했다. 가던 길을 멈추고 거머리를 떼어냈는데 그것이 우리에게 그리 큰 고역은 아니었다. 하지만 지에우암 스님은 거머리가 다리에 들러붙을 때마다 소리를 질렀고, 그럴 때마다 우리가 가서 스님을 구해야만 했다. 몇 달이 지나자 지에우암 스님도 그럭저럭 거머리에 대한 두려움을 극복할 수 있었다.

여름에는 안심하고 돌아다닐 수 있었지만, 숲이 다시 습해지면 거머리는 여지없이 돌아왔다. 다이하 아저씨는 "그것들은 여름에도 죽지 않아요. 그저 말라붙을 뿐이지요. 비가 오면 다시 살아난답니다"라고 설명했다. 그는 일꾼 중에 한 사람이 이를 닦기 위해 작은 가지처럼 보이는 것을 집어 들었는데 갑자기 그 '칫솔'이 꿈틀거리기 시작하더란 이야기를 들려주었다. 산에 사는 사람들은 거머리를 쫓기 위해 다리에 연고 같은 것을 바른다. 또는 야자나무인 빈랑(말레이시아가 원산인 종려목의 야자나무)의 열매와 함께 씹은 석회석 가루를 가지고 다니는데, 다리에 붙은 거머리에 석회석 가루를 문지르면 떨어진다.

이야기를 나누며 걷다 보니 이내 차나무 언덕에 도착했다. 몽타나드 언덕은 그 숲에서 가장 높은 곳이다. 그곳에서 바라본 하늘은 완벽하게 푸르렀고 구름은 순백색이었다. 멀리 있는 산들은 구름에 감싸여 마치 바다에서 솟아 오른 섬처럼 보였다. 맑은 날이면 발아래 넓게 펼쳐진 광활한 풍경을 볼 수 있었다. 2년 동안 매일 아침 나는 걸어서 몽타나드 언덕에 올랐다. 그리고 매번 프엉보이가 전보다 더 아름답다고 느꼈다. 어떤 날 아침에는 안개가 너무 자욱해서 얼굴 바로 앞에 있는 손도 간신히 보였다. 하지만 그럴 때조차도 몽타나드 언덕에 서 있는 것은 기쁨이었다. 아침 새들의 노랫소리가 온 숲에 가득할 때 응우옌홍 스님과 함께 명상실에서 몽타나드 언덕까지 걸어 올라갔다. 꼭대기에 다다랐을 때 차나무 사이에서 두 마리의 사슴이 춤추고 있는 것을 보았다. 아침 햇살을 받은 사슴의

털은 마치 하얀 별 얼룩무늬가 있는 금빛 실크처럼 보였다. 우리는 사슴들을 놀라게 하지 않으려고 소리를 내지 않고 서서 차나무 언덕 위에서 사슴들이 노니는 것을 지켜보았다. 이윽고 사슴들이 기운차게 뛰어오르더니 연달아서 남쪽 숲으로 사라졌다. 우리는 할 말을 잃었다.

비록 그곳에 차나무를 심었지만, 그 언덕은 여전히 개발되지 않은 자연 그대로의 모습이었다. 우리는 차나무가 줄지어선 사이로, 여전히 남아 있는 많은 나무들의 그루터기를 넘거나 혹은 그것들의 둘레를 걸었다. 다이하 아저씨는 몇 년 안에 그루터기들이 썩어 없어질 테니 뿌리를 뽑지 않아도 된다고 했다. 그곳의 흙은 부드럽고 향기로웠다. 우리는 그 언덕 주위를 맴돌다가 다이하 아저씨가 건물과 정원을 만들기 위해 개간하려고 준비하는 6헥타르의 땅에서 걸음을 멈추었다.

1년 뒤 응우옌홍 스님이 함께 살게 되었을 때는 어느새 차나무에서 작은 결실을 얻고 있었다. 그리고 지에우암 스님은 2헥타르의 땅을 더 개간해서 차나무를 더 많이 심자고 제안했다.

더불어 우리는 몽타나드 언덕 아래에 공동체가 함께 지낼 2층 집을 짓기 시작했다. 위층은 명상실로 쓰고, 아래층은 도서관과 공부방, 숙소, 공양간 그리고 거실로 쓸 예정이었다.

나는 《불교에 대한 새로운 발견New Discoveries about Buddhism》이라는 원고를 어렵사리 팔 수 있었다. 그렇지만 여전히 재정적으로 어려워 힘이 들었다. 우리는 아는 사람들 모두에게 도움을 청했다. 지에우암 스님 말고도 뉴통, 뉴코아 그리고 다이하 아저씨의 가족들이 우리를 가장 많이 도와주었다.

건물이 올라가는 동안 일꾼들은 프엉보이에 들어오고 나가는 것만으로도 어려움을 겪었다. 어떤 트럭은 타이어체인을 감고도 나무와 자재를 싣고 진흙투성이의 언덕을 오를 수가 없었다. 다이하 아저씨는 숲을 태워서 4백 미터에 달하는 길을 만들어야만 했다. 나는 평안이 깃들게 하기 위해 건물을 어느 방향으로 향하게 할지를 결정하는 역할을 맡았다. 어쩌면 풍수에 대한 내 안목이 부족하여 이후 우리가 더이상 프엉보이를 지키지 못하고 바람에 뿔뿔이 흩어지게 되었는지도 모르겠다. 나는 그 임무를 받아들이지 말았어야 했다.

지에우암 스님은 우리와 함께하기 위해 매주 매화숲에서 왔다. 고된 일과 산행 덕분에 스님의 건강은 차츰 좋아졌다. 건장한 젊은 남자였던 뉴코아조차도 스님의 걸음을 따라잡을 수가 없었다! 우리는 우기인 안거철에 맞추어 프엉보이에 들어갈 수 있기를 바랐고, 그래서 두 배로 더 열심히 일했다. 그 무렵 길은 마무리되었고, 다리를 건너 몽타나드 언덕 아래의 오솔길을 따라 프엉보이에 들어갈 수 있었다.

만일 내가 그 아름다운 숲을 거닐며 남은 생을 보낼 수 있다면! 그 길에는 찌에우 꽃을 비롯한 많은 꽃들의 향기가 가득했다. 그저 프엉보이의 입구에 있는 매화교에 도착하는 것만으로 마음이 홀가분해졌다. 나는 내가 '도착했다'고 느꼈다. 그리고 그 길을 걷는 동안 훨씬 더 즐거웠다. 그러다 갑자기 굽어진 길을 지나자 프엉보이와 몽타나드 언덕이 나타났다. 타이 탄뜨는 널따란 밀짚모자를 쓰고 지팡이에 기대어 그곳을 걷는 것을 좋아했다.

안거철이 시작되기 바로 직전에 바람이 불고 비가 내렸고, 물자를 실어 나르는 일은 힘에 겨웠다. 우리에게는 침대, 책장, 작은 난로가 있었고 준비해야 할 다른 것들도 많았다. 뚜에는 바오록(베트남 중부 고원 지방인 럼동 성의 도시)에서 가르치는 일을 하고 있어서 우리를 많이 도울 수가 없었다. 응우옌홍과 나는 명상실을 마무리하기 위해 여러 날을 보냈고, 단순함과 조화로움을 표현하려고 노력했다. 명상실에서 우리는 마루 위에 앉지 않고 단상 위에 앉았다. 불단의 부처님은 사형인 타이 자이틱이 그려주었고, 그는 고요함과 기쁨을 표현하였다.

어느 오후 응우옌홍과 나는 발코니에 서서 명상의 숲을 내려다보고 있었다. 그때 그 숲 끝에서 몽타나드 언덕 아래까지 한 폭의 비단처럼 구름 한 조각이 펼쳐진 것을 보았다. 우리는 그 구름에 다가가기 위해 언덕을 내려갔지만 구름은 사라지고 없었다. 그래서 다시 언덕으로 올라왔더니 거기 또 구름이 있었다! 소나무를 비롯한 여러 종류의 나무로 장엄한 명상의 숲은 그 숲에서 가장 아름다운 곳이었다. 우리에게는 걷기 좋은 작은 길과 앉아서 명상하며 조용히 성찰할 수 있는 장소를 몇 군데 만드는 계획이 있었다. 그 숲에는 불단을 장식할 만한 꽃들이 아주 많았다. 하지만 우리가 가장 좋아하는 것은, 찌에우 꽃과 짱 꽃이었다.

뉴응옥과 뉴통은 개원식에 참석하기 위해 사이공에서 오겠다고 약속했다. 그런데 공교롭게도 그날 폭우가 쏟아졌다. 뉴코아는 우리 도서관에 넣을 책 2천 권을 실어 나를 수 있도록 응우옌홍 스님과 뚜에에게 지프를 빌려주었다. 하지만 지프는 언덕 중간쯤까지 갔다가 다시 미끄러져 내려오기를 몇 번 반복하였다. 그 책들을 언덕까지 실어 올려 내려놓는 데 하루 온종일이 걸렸다. 뉴통이 기부한 아름다운 책장을 나르기 위해 응우옌홍 스님이 마지막으로 올라올 때 다시 비가 세차게 내렸다. 응우옌홍과 탄뚜에 스님은 꼭 사향쥐처럼 보였다! 책장에 책을 꽂다가 비에 흠뻑 젖어 덜덜 떨고 있는 두 사람을 보았다. 나는 담요로 응우옌홍 스님의 발을 감싸고, 탄뚜에가 몸을 말릴 수 있도록 불을 지폈다. 하지만 그는 차를 몰고 마을로 돌아가겠다고 고집을 부렸다.

땀후에 보살님은 7시에 저녁을 차려주었다. 새 공양간에서 먹는 첫 식사였다. 응우옌홍 스님은 너무 추워서 저녁 먹는 것을 사양했다. 하지만 그는 결국 식탁에 앉았고, 나는 그에게 밥 한 그릇을 주면서 한 숟가락이라도 뜨라고 권했다. 그는 마지못해 젓가락을 집어 들었다. 이윽고 우리는 행복하게 식사를 하면서 대화를 나누었고, 땀후에 보살님은 밥공기를 세 번이나 채워야 했다! 그날 밤 그는 곤히 잤고 감기의 징후라곤 찾아볼 수 없었다. 다음 날 아침 탄뚜에가 프엉보이로 돌아왔다. 그는 바오록 사원으로 돌아간 뒤 마른 옷으로 갈아입은 다음, 뜨거운 차 한 잔을 따라놓고 그것이 식기를 기다리는 동안 스르르 잠에 빠져들었다고 했다. 그리고 밤새 세상모르고 잤다고 한다.

응우옌홍과 나는 프엉보이에서 첫 밤을 보냈다. 아직 문을 달지 않은 데다가 세찬 바람이 나무 기둥을 떨어뜨려 요란한 소리로 우리를 깨웠다! 우리는 울부짖는 바람소리를 들었고 태풍이 멀리 있지 않음을 알았다. 그 숲 한가운데에, 문명으로부터 멀리 떨어진 우리가 있었다. 우리의 유일한 바람은 그 숲에 뿌리를 내리고 집을 짓는 것이었다. 그리고 안전한 땅을 만드는 것이었다. 굉음 때문에 깬 뒤 다시 잠들 수가 없어서 응우옌홍 스님과 나는 불을 지폈다. 새의 노랫소리가 들리고, 울부짖는 긴팔원숭이들이 새벽이 오는 것을 알릴 때까지 이야기를 나누었다. 그런 다음 몽타나드 언덕에 올라 동녘이 분홍빛으로 붉게 물드는 모습을 보았다.

프엉보이는 현실이었다! 야생화와 숲속 풀들로 뒤덮인 그곳은 부드럽고 거대한 요람이었고, 야생 그대로의 언덕이었다. 우리는 이곳에서 처음으로 세상사의 가혹함을 피할 수 있었다.

1962. 8. 16.

뉴저지, 메드퍼드

다음 주 수요일이면 이곳을 떠나 뉴욕으로 돌아갈 것이다. 벌써 가을이다. 여기 사람들은 가을을 '폴fall'이라고 부른다. 왜냐하면 나무에서 아주 많은 잎들이 떨어지기 때문이다. 이들은 첫 계절을 '스프링spring'이라고 부르는데 그 시절 가지에서 여린 싹이 돋아난다. 리버사이드 공원은 지금 몹시 아름다울 것이다. 프린스턴의 가을은 언제나 아름답다. 프린스턴에서 나는 늘 에메랄드빛 녹색 잔디가 양옆으로 깔린 좁은 길을 걸었다. 이맘때쯤이면 날이 서늘하고 상쾌하다. 이파리들은 아주 미세한 산들바람만 불어도 나무에서 떨어져 어깨를 스치고 지나간다. 어떤 것은 금빛이고 어떤 것은 립스틱처럼 붉은색이다. 상상할 수 없을 만큼 다양한 색이 있다. 우수수 떨어지는 잎을 보고 있으면 눈이 즐겁다. 고국에서 나는 아준처럼 색깔이 변하는 나무를 좋아한다. 다이 라오 숲은 언제나 푸르다. 그곳 나무들 가운데에 이파리를 떨구는 나무는 거의 없다.

프린스턴은 아름답지만 프엉보이 같은 아름다움은 없다. 안개가 산을 온통 휘감아 우리가 마치 바닷가 끝에 서 있는 것처럼 느끼게 만드는 일은 결코 일어나지 않는다. 찌에우 꽃의 향기가 프린스턴을 가로질러 부드럽게 퍼지지도 않고, 긴팔원숭이의 울음소리도 들리지 않는다. 프린스턴은 프엉보이와 같은 야생이 아니다.

나는 프엉보이의 숲 위로 달이 빛나던 밤들을 결코 잊지 못할 것이다. 숲에서 보내는 밤은 도시의 밤과 같지 않다. 심지어 농촌의 밤과도 다르다. 성스러운 숲은 밤에 그 절대적인 권위를 선언한다. 검은 장막은 두텁고 비밀스럽다. 나는 프엉보이의 공부방에 앉아 숲에서 들려오는 등골이 오싹해지는 수많은 울음소리를 들었다. 8시면 이미 밤이 내렸고, 숲의 지배가 되살아났다. 온 우주는 깊은 침묵 속으로 가라앉고 동시에 생명을 가지고 빛났다. 나는 커다란 나무들 사이를 뛰어오르는 산신의 그 장엄한 발소리를 듣는 듯했다.

보름날 밤이면 우리 가운데 그 누구도 잠들 수 없었다. 한번은 탄뚜에가 잠자리에서 일어나 창가에 조용히 서서 달빛에 잠긴 숲을 응시하고 있었다. 나는 늦게까지 글을 쓰고 있다가 조심스레 촛불을 끄고 그의 옆에 섰다. 달과 숲이 함께 있어 매우 경이롭고 신비로운 분위기를 자아냈다. 우리가 이전에 경험한 그 어떤 것과도 달랐다. 완전한 고요 속에서 우리는 달과 숲이 서로에게 하는 말을 들을 수 있었다. 그들은 더이상 둘이 아니었다. 하나였다. 만일 당신이 달을 가져가 버린다면 숲은 더이상 존재하지 않을 것이다. 만일 당신이 숲을 가져가 버린다면 달은 더이상 존재하지 않을 것이다. 달과 숲이 사라지면 우리는 달빛으로 물든 창가에 서 있지 않을 것이다. 우리는 넋을 잃었다.

어느 밤에는 몇 시간 동안 숲을 응시하며 서 있었다. 불과 50미터 거리에서 무한한 힘을 가진 숲이 저항할 수 없는 힘으로 나를 끌어당기고 있었다. 그것은 격렬하고 활기찼다. 수천 년 전 살았던 몽타나드 부족민의 모습을 어슴푸레하게 상상했다. 그리고 내 안에서 고대의 부족민이 깨어나는 것을 느꼈다. 나는 문명을 뒤로 내팽개치고, 책 같은 지식을 내던지고, 옷을 찢어버리고, 맨몸으로 숲으로 들어가고 싶은 충동을 느꼈다. 무엇을 하기 위해서인지 알지 못했다. 하지만 숲의 심연으로 들어갈 것이었다. 설령 야생 동물에게 잡아먹히더라도, 아무런 고통도, 두려움도, 후회도 느끼지 않으리라는 것을 알고 있었다. 심지어 잡아먹히기를 즐겼을지도 모른다. 나는 숲과 달의 부름에 몸부림치며 오랫동안 창가에 서 있었다.

그에 비해 메드퍼드의 숲은 길들여졌고 온화하다. 나는 프엉 보이가 그립다. 베트남을 떠나온 뒤 열여섯 개의 달이 지나갔다. 일전에 나는 다음과 같이 쓴 적이 있다.

숲의 깊은 밤의 베개 위에서

나는 열여섯 번째 날의 달을 꿈꾸었고

열여섯 개의 달이 오고 갔네.

프엉보이의 밤에 달이 없으면 나는 밤하늘을 올려다보며 열여섯 번째 달의 가득함을 상상하곤 했다. 열여섯 개의 달과 열여섯 번째 달은 하나이지만 둘이다.

우기雨期 안거의 첫째 날 비가 그쳤다. 뉴통, 뉴응옥 그리고 타이 짜우또안이 프엉보이에 올릴 공양을 가지고 오전 9시에 도착했다. 우리는 부처님께 올리기 위해 아름다운 병을 야생화로 가득 채웠다. 그 사발과 접시, 젓가락 그리고 음식을 생생히 기억한다. 밖에서 식사를 하기엔 몽타나드 언덕이 나무들로 너무 우거져 있어 우리는 몽타나드의 집에서 식사를 했다.

뚜에가 도착했다. 응우옌홍과 나는 명상실을 마무리하고 있었다. 또안은 꽃을 꺾으러 명상의 숲으로 갔다가 곧 지에우암 스님과 류프엉 스님을 만났다. 두 스님은 눈처럼 하얀 찌에우 꽃을 모았고, 또안은 모란 몇 송이와 도금양 꽃가지 여러 개를 골랐다. 우리는 작은 꽃병 여러 개를 대부분 도금양 꽃가지로 어우러지게 가득 채웠다. 또안은 잎을 떼어내고 그것들이 복사꽃처럼 보이게 만들었다. 제일 큰 꽃병에는 찌에우, 모란 그리고 이름 모를 다른 꽃들을 꽂았다. 또안은 커다란 소나무 가지를 꺾어다가 밤색 유약이 칠해진 몽타나드 화병에 꽂아 명상실에 두었다. 뉴코아와 탄쩌이는 언덕을 넘어 프엉보이로 와서 우리에게 합류했다. 얼마나 멋진 모임인가! 공양을 감사히 받는 의식을 마치고 우리는 모인 사람들에게 프엉보이를 구경시켜 주었다.

친구들은 오후까지 머물렀고 우리는 미래에 대해 토론했다. 또안, 뉴응옥 그리고 뉴퉁이 먼저 떠났다. 그들은 사이공으로 돌아가기 위해 숲을 가로질러 다이하 마을까지 갔고, 거기에서 버스를 탈 수 있었다. 그다음으로 뉴코아와 탄쩌이가 떠났다. 마지막으로 다이하 아저씨 가족들이 지에우암 스님, 류프엉 스님 그리고 탄뚜에처럼 떠났다. 탄뚜에는 우리와 계속 함께할 수가 없었다. 그는 여전히 블라오에서 학생들을 가르치는 일을 해야 했다.

그날 저녁 프엉보이에는 텅 빈 고요가 돌아왔다. 지에우암 스임과 뚜에게 작별을 고하고 명상의 숲으로 가는 문으로 들어갔다. 문에는 '다이 라오 산, 프엉보이 암자'라고 한자로 적은 나무 팻말을 못으로 박아놓았다. 프엉보이는 현실이었다! 그것은 우리가 전에 알던 그 어떤 것과도 달랐다. 그것은 말로 표현할 수 없을 만큼 소중했다. 우리는 그런 현실을 만나게 되리라고 결코 상상하지 못했다. 하지만 어느 순간에라도 흩어질 수 있는 한 조각의 구름처럼 느껴졌다. 나는 응우옌홍의 느낌에 동의했다. 우리가 프엉보이를 가진 것이 아니다. 프엉보이가 우리를 가졌다. 나중에 리는 프엉보이를 '정토(부처나 보살이 머무는 청정한 이상세계. 중생이 사는 번뇌로 가득 찬 세계를 예토穢土라고 부르는 데 대한 상대어)'라고 불렀다. 그 어디를 여행하든 우리는 언제나 그 정토에 속해 있을 것이다.

우리는 사방을 둘러보기 위해 그 저녁 몽타나드 언덕에 올랐다. 그런 다음 줄지어 늘어선 차나무 사이로 걸었다. 땅이 아주 폭신했다. 그리고 숲의 가장자리를 따라 계곡으로 걸어 내려갔다. 그곳에서 응우옌홍은 새로 생긴 호랑이 발자국이 매화교 방향으로 향해 있는 것을 보았다고 했다. 이미 해가 지고 있었고, 숲은 인적 없이 텅 비어 있었다. 조금 불안한 마음이 들어 몽타나드의 집으로 돌아가자고 했다. 우리는 차나무 사이를 가로질러 몽타나드 언덕 꼭대기까지 갔다. 마침내 보금자리에 도착했을 때에는 이미 밤이 내려와 주변 대기가 쌀쌀해져 있었다. 우리는 불을 피웠다. 땀후에 보살님은 그날 밤 그곳에 머물 수가 없었다. 그래서 응우옌홍과 나만 그곳에 머물렀다. 다른 사람들은 며칠 있다 우리와 합류할 계획이었다. 우리는 밥과 간장에 절인 겨자잎 피클로 소박하게 밥상을 차리고 촛불 옆에 함께 앉았다. 그리고 앞으로 다가올 날들에 무엇을 이룰 것인지에 대해 생각을 나누었다. 잠자리에 들기 전에 감사를 표하는 짧은 의식을 했다.

비가 내리는 프엉보이의 아침은 정말 아름다웠다. 생명이 움트며 생기가 넘쳤다. 나는 쌀쌀한 날에는 아침 일찍 일어나지 않았다. 글을 쓰느라 대개 늦은 밤까지 깨어 있었기 때문이다.

응우옌홍과 뚜에는 여전히 내가 몸이 허약하다는 사실을 알고 있었다. 그래서 잠에서 깰 때 나를 방해하지 않으려고 조심했다. 땀후에 보살님은 잠을 많이 자지 않았다. 내가 깨어날 때쯤 보살님은 차를 우렸다. 그리고 우리가 명상 수행을 하고 난 다음에 먹을 수 있도록 쌀과 녹두로 만든 죽 한 솥을 준비해 두었다. 우리는 공양간의 따뜻한 난롯가에 앉아 즐거운 마음으로 차를 마시고 아침을 먹었다.

아침 햇살은 눈부셨지만 뜨겁지 않았다. 그래서 우리는 몸을 놀려 일하며 몸을 따뜻하게 했다. 10분만 일을 해도 조금 덥게 느껴졌다. 홍과 나는 둘 다 괭이와 삽을 다루는 손재주가 있었다. 그럼에도 덤불과 나무딸기가 우거진 몽타냐드 언덕을 개간하는 데는 여러 달이 걸렸다. 우리가 치운 등나무와 여러 나무들로 얼마나 많은 탁자를 만들었는지 모른다. 우리는 그네와 해먹도 달았다. 후에와 사이공에서 온 스님들은 몇 시간 동안 살랑살랑 그네를 타곤 했다. 나이가 몇이든 관계없이 스님들은 모두 그네를 타고 해먹에 앉아 있는 것을 좋아했다.

프엉보이의 아침은 아무것도 쓰이지 않은 종이처럼 깨끗했다. 가장자리에 어린 분홍빛 홍조를 제외하고는 그저 순백색이었다. 우리는 새로운 24시간이 우리 앞에 있다는 자각과 함께 깨어났다. 그리고 이 시간을 방해하는 그 어떤 사람이나 그 어떤 일도 — 어떤 모임도, 약속도, 혹은 버스를 기다리는 일도 — 허락하지 않았다. 하루 종일 우리만을 위해 보냈다. 우리는 차나무를 보살피고, 숲속의 덤불을 정리하고, 과일나무를 심고, 글을 쓰고, 공부를 할 수 있었다. 원하는 것은 그 무엇이라도 다 할 수 있었다. 우리는 많은 일을 열심히 했지만, 결코 피곤하다고 느끼지 않았다. 우리가 그 모든 일을 선택했기 때문이다. 만일 누군가 차나무 주변의 풀 뽑는 일을 하고 싶지 않다면, 다른 사람이 그 일을 했다. 만일 아무도 숲을 개간할 마음이 나지 않으면 또 다른 날을 기다렸다. 우리는 그 무엇이든 원하는 것을 했다. 아침 식사를 한 뒤에는 누군가 아침 과제를 제안하곤 했다. 그 당시 프엉보이에는 홍, 뚜에, 찌에우꽝, 리, 남, 푸, 땀후에 보살님 그리고 내가 살았다. 응우옌홍이 "몽타나드 언덕의 덤불을 치우지요"라고 제안하면 다른 두세 사람만 함께 일하는 데 관심을 보였다. 또 리가 "계곡으로 구불구불 내려가는 오솔길을 만들면서 아침을 보내요"라고 제안하면 기꺼이 그 일을 함께하려는 누군가가 항상 있었다. 의견일치에 도달하기는 어렵지 않았다. 하나 이상의 제안이 있으면 선호하는 것에 따라서 팀을 나누었다. 때때로 일을 하는 대신 함께 산행을 떠나기도 했다. 우리는 점심을 준비하고 숲속을 거닐었다. 소풍 가는 길에 발길을 멈추고 물가에서 쉬기도 했다. 홍과 찌에우꽝은 종종 매우 아름다운 난초를 가지고 돌아왔다. 산행을 한 날 밤이면 모두들 푹 잤다.

프엉보이에는 복장 규정이 없었다. 좋아하는 모자를 쓰거나 부츠를 신는 것도 괜찮았고, 허리춤에 벨트를 매는 방식도 마음대로 할 수 있었다. 가끔 흘낏 거울을 보면 꼭 떠돌이 부랑자처럼 생긴 내가 거울 속에 있었다. 어떨 때는 일주일쯤 면도를 하지 않았다. 게을러서가 아니었다. 단지 내가 더 즐기는 다른 일들이 있었을 뿐이다! 산행을 할 때면 가시에 찔리지 않기 위해 두껍고 거칠거칠한 옷을 입었다. 그리고 거머리를 막기 위해 바짓단을 고무 부츠 속으로 집어넣었다. 우리는 점심 도시락과 해먹이나 구급약품을 지고 가기 위해 어깨 위에 걸망을 멨다. 그리고 각자 지팡이를 들었다. 만일 내 제자 중에 누군가가 부랑자 같은 차림을 한 나를 보았다면 아마 깜짝 놀랐을 것이다. 그 복장은 교실에서 전통 시에 대한 토론을 하는 데 적합한 옷차림은 아니었다.

산속 숲에서 사는 동안 우리의 걸음이나 몸짓은 대담하고 강인해졌다. 서로에게 인사하기 위해 전통 방식으로 두 손을 모으고 절을 하는 대신, 한 손을 높이 들어 흔들었다. 산길을 따라 걸을 때도 신중하고 위엄 있는 발걸음으로 걷기보다는 재빨리 걷고 심지어 종종 뛰기도 했다.

한 언덕에서 다음 언덕 사이에서 서로를 소리쳐 부르기도 했다. 응우옌홍은 다른 누구보다도 더 우렁차게 소리를 지르곤 했다. 그의 목소리는 기차의 기적 소리처럼 날카로웠다. 사실 프엉보이에서 지낸 사람들은 모두 소리 지르는 것을 좋아했다. 언젠가 응우옌홍이 명상의 숲에 있는 커다란 소나무에 올라가 가지 하나를 자르려고 했는데, 당시 그가 내지른 함성이 너무 커서 온 숲이 떠나갈 듯했다. 그때 나는 명상실을 정리하고 있었는데 그의 함성에 화들짝 놀라서는 빗자루를 떨어뜨렸고, 무슨 일이 있는지 보려고 밖으로 나갔다. 더 재미있는 사실은, 나도 질세라 곧바로 함성을 질렀다는 점이다. 숲은 매우 넓었고 우리는 아주 작게 느껴졌다. 나는 우리가 전혀 대수롭지 않은 존재라는 느낌을 극복하기 위해서 그렇게 크게 소리를 질렀다는 생각이 든다. 그것은 과거에 우리에게 강요되어 온 수많은 사회적 관습에서 해방되기 위한 하나의 몸짓이기도 했다. 낡은 전통에 사로잡힌 세상에서 우리는 스스로를 자제하며 조용히 말해야 했고, 매번 하는 말을 조심스럽게 살펴야 했다. 사회는 우리가 어떻게 먹고, 어떻게 서로 인사해야 하는지, 어떻게 걷고, 앉고, 어떤 옷차림을 해야 하는지를 명령한다. 프엉보이에와 우리는 이 모든 규칙과 인습을 버리고 싶었다. 우리는 사회적 규제를 산산조각 내기 위해, 그리고 우리가 자유롭다는 것을 스스로 증명하기 위해 달리고 소리쳤다. 여기, 미국에서 사람들은 "당신은 어떠세요 How are you?"라고 물으며 서로에게 인사한다. 이런 질문이 무의미하다는 것에 모든 사람이 동의하지만 만일 당신이 그렇게 묻지 않으면 다른 사람들은 뭔가가 빠진 것 같다고 느낀다. 의사를 찾아갔을 때 이런 대화의 시작은 더욱 이상해 보인다. 의사가 "당신은 어떠세요?"라고 묻고, 당신은 "좋아요, 고맙습니다"라고 대답한다. 만일 당신이 괜찮다면 왜 의사를 찾아간단 말인가?

자연의 목소리를 그토록 강렬하게 만드는 것은 무엇인가? 달과 숲의 부름에 저항할 수 없다. 장마철 폭풍우도 큰소리로 나를 부른다.

아주 어린아이였을 때도 나는 언제나 폭풍우의 마법에 빠져 있었다. 천둥이 치고 검은 하늘이 낮게 드리웠다. 그리고 크고 무거운 첫 빗방울들이 우리 마을의 지붕 기와 위에 후두둑 떨어졌다. 세찬 바람이 창의 덧문을 쾅 하고 내리쳤다. 그 광경을 보고 신호를 들을 때면, 나는 다른 세계에 있는 것 같은 느낌을 받곤 했다. 그것들은 장중한 교향악의 전주였다. 땅을 부수기에 충분할 것만 같은 천둥이 치고 난 뒤에는 폭포처럼 비가 쏟아지기 시작했다. 그런 순간에 어떻게 고요히 앉아 있을 수 있었겠는가? 나는 창문으로 달려가서 커튼을 제치고 얼굴을 유리창에 가까이 대었다. 아레카야자 나무는 땅과 하늘이 신음하고 쉿소리를 내는 것처럼 허리를 숙였다. 우주가 몸을 떨고 있었다. 커다란 잎들이 창문을 거세게 내리쳤다. 비가 쏟아져 도랑으로 밀려들었다. 새들은 비의 은빛 장막을 흔드는 바람에 맞서 싸웠다.

나는 폭풍우의 교향곡 가운데에서 우주의 중심이 부르는 소리를 들었다. 아레카야자 나무로 변하여 바람 속에서 구부러지는 가지가 되고 싶었다. 비가 내리는 밖에서 달리고 소리치고 싶었다. 바람에 맞서 날개의 힘을 시험하는 한 마리 새가 되고 싶었다. 비가 내리는 밖으로 뛰어나가 소리치고, 춤을 추고,

빙글빙글 돌고, 웃고, 울고 싶었다. 하지만 감히 그러지 못했다. 엄마의 꾸지람이 두려웠다. 그래서 대신 온 힘을 다해 노래를 불렀다. 아무리 시끄럽게 노래를 불러도 폭풍우의 아우성 때문에 내 목소리가 들리지 않았다. 노래를 할 때도 내 귀는 창문 밖에서 펼쳐지는 인상 깊은 드라마에 몰두하고 있었다. 내 정신은 폭풍우의 장엄함에 사로잡혔다. 폭풍우의 강렬한 음악과 나는 하나가 되었다. 나는 경이로움을 느꼈다! 한 곡 또 한 곡을 계속해서 노래했다. 마침내 폭풍우가 잦아들었을 때—그것은 언제나 돌연하게 느껴졌다—노래를 멈추었다. 내 몸 안의 흥분도 고요해졌다. 하지만 눈썹에 여전히 매달려 있는 눈물 몇 방울을 느낄 수 있었다.

비록 대답하는 방식은 변했지만, 나는 여전히 우주의 부름에 응답한다. 그 부름은 몇 년 전의 것만큼이나 분명하고 강렬하다. 지금 그것을 들으면 나는 멈추고, 내 온몸으로, 내 생명의 모든 원자, 모든 정맥, 모든 샘, 모든 신경과 함께, 경이로움과 열정을 다하여 듣는다. 어머니가 돌아가신 지 10년이 된 어떤 사람을 상상해보라. 어느 날 갑자기 자신을 부르는 엄마의 목소리를 듣는다. 그것이 바로 내가 하늘과 땅의 부름을 들을 때 느끼는 감정이다.

바로 어제, 나는 비와 땅, 숲 그리고 바람의 교향악을 듣기 위해 창가에 무릎을 꿇고 앉았다. 창문을 열어둔 채 닫지 않았다. 그냥 거기 무릎을 꿇고 있었다. 존경으로 머리를 숙이고, 비가 내 머리와 목 그리고 승복을 적시도록 내버려두었다. 나는 몹시 편안했고 몹시 온전했다. 오한으로 몸이 떨리기 시작할 때에야 비로소 일어나서 창문을 닫았다. 메드퍼드의 숲이 성난 폭풍우의 황홀경 속에서 소용돌이칠 때 나는 젖은 승복을 갈아 입고 불을 지폈다.

달과 숲의 대화 그리고 극적인 폭풍우가 찾아올 때에만 우주의
부름을 듣는 것은 아니다. 나는 한낮의 고요함 가운데에서도
우주가 부르는 소리를 듣는다. 한낮 베트남 시골에서는 수 킬
로미터에 걸쳐서 오직 구슬픈 수탉의 울음소리만 들린다. 눈을
뜰 수 없을 만큼 햇빛이 쏟아지는 거리에는 사람이 한 명도 없
다. 북과 남 그리고 중부 베트남에는 모두 한낮의 고요함이 있
다. 하루 중 가장 슬픈 시간이 저녁이란 생각에 나는 동의하지
않는다. 저녁은 언제나 아름답고 행복한 시간이다. 저녁은 아
침처럼 활기차고 온갖 변화와 생명력으로 가득하다. 그것은 사
위어가는 시간이 아니다. 저녁은 온갖 밤의 생명들이 도착하는
시간이다. 그때 자연은 매우 활발하다. 인간은 밤에 느긋해지
고 휴식을 취하지만 달과 별, 물과 구름, 벌레와 풀은 생명으로

고동친다. 내가 슬픔에 찬 시간이라고 부르는 때는 한낮, 오후 한두 시쯤이다.

한낮에는 모든 자연 활동이 멈춘다. 한 줄기 바람도 불지 않는다. 나무는 여전히 시체처럼 고요하다. 어떤 목소리도 들리지 않는다. 잠든 하늘이 더없이 넓게 펼쳐져 있다. 태양은 땅과 그 땅의 온갖 생명체들에게 맹렬하고 불같은 눈으로 최면을 건다. 그러다가 구름 한 조각이 움직이면 대지는 다시 한번 몸을 움직이기 시작한다. 그리고 마법이 풀린다. 만일 태양이 땅을 무력하게 하는 바로 그 순간에 당신이 낮잠에서 깨어난다면 그 부름을 들을 것이다. 나는 그것을 수백 번 들었다. 그리고 내 심장은 매번 떨렸다. 겨우 잠에서 깨어나 나는 그 소리를 이성으로 듣지 않는다. 내 잠재의식의 바다가 존재를 가득 채운다. 우주가 나를 집으로 부르는 소리를 듣는다. 그리고 내 온몸이 응답한다.

나는 프엉보이에서 그런 부름을 네 번 들었다. 나무가 그토록 고요히 서 있고, 하늘이 그리도 높게 펼쳐진 적은 없었다. 나의 존재는 돌아가리라는, 부름을 따라가리라는 형언할 수 없는 강렬한 열망에 압도되었다. 나는 마치 자욱한 안개가 감싼 문의 경계에 서 있다고 느꼈다. 그 안개를 걷어낼 수만 있다면 볼 수 있을 것이다. 무엇을 볼지 알지 못했지만, 나는 본다는 것 자체가 나의 가장 깊은 그리움을 드러내리라고 확신했다.

나는 프엉보이에서 우리가 함께 보낸 첫 설날을 기억한다.

설날이 되기 나흘 전에 세 명의 친구인 찌에우쨩, 뚜만 그리고 탄히엔이 도착했다. 마치 아이들이 휴일을 맞아 집으로 돌아오는 것 같았다. 찌에우쨩은 봄의 꽃봉오리들이 잔뜩 맺힌 매화 가지를 한 아름 안고 왔다. 우리는 우리 생의 가장 성대한 설날을 그해 프엉보이에서 축하하자고 다짐했다. 하룻밤의 토론 끝에 거대한 모닥불을 피우고, 공양을 올리기 위해 자정 전에 커다란 솥에 떡을 찌기로 했다. 그리고 자정에는 불꽃놀이를 하고 떡을 먹은 다음, 몽타나드 언덕에 올라 새해를 맞이하기로 했다.

우리 중에 그 누구도 결코 그날 피운 모닥불을 잊지 못할 것이다. 우리는 차나무를 심기 위해서 1백 그루가 넘는 나무를 벌채하고 태운 다음 땔감으로 쓰기 위해 까맣게 탄 통나무를 끌어다 산더미같이 쌓아 놓았다. 우리는 이틀 동안 그 통나무를 잘랐는데, 어떤 것은 길이가 3미터나 되었다. 우리가 쌓은 장작더미는 집채만 했다. 그 장작더미 가운데에 잘 마른 풀과 나뭇잎, 불쏘시개감을 가득 채웠다. 설날을 맞으며 피운 모닥불은 밤새도록 탔고, 새해 다음 날까지도 뜨거운 장작이 빨갛게 타고 있었다. 우리는 모닥불 가까이에서 캠핑을 하려고 텐트를 쳤다. 처음 몇몇 친구들은 쌀쌀한 아침 안개를 걱정하며 몽타나드 언덕에서 밤을 보내고 싶어 하지 않았다. 하지만 곰곰이 생각해보더니 모닥불 덕분에 안개와 한기가 사라지리라는 것을 깨달았다. 실제로 어느 땐 모닥불이 너무 뜨거웠다.

북베트남에서 온 리는 자기가 북쪽 사람 그 누구보다 떡을 잘 싼다고 주장했다. 처음에 우리는 작가들이 흔히 그러는 것처럼 그가 과장하고 있다고 생각했다. 하지만 리가 일하는 것을 보고 그 말이 사실임을 알았다. 땀후에 보살님은 달콤한 쌀과 녹두를 가져왔고, 리가 떡을 쌀 수 있도록 딱 맞는 길이의 녹색 동(베트남의 설날 음식 반쯩을 만들 때 사용하는 식물) 잎을 주었다. 나는 떡을 싸는 일을 좋아한다. 그래서 조수가 되어 리를 도와주었다. 리가 잎을 씻고, 자르고, 접는 것을 거들었다. 그는 완벽하게 네모난 떡 모양을 내기 위해서 나무로 된 작은 틀을 만들었다. 떡을 자정 전에 준비하려면 늦어도 5시 30분에는 재료를 끓는 물에 담가두어야 했다. 뚜만과 탄히엔은 몽타나드 언덕 기슭에 모닥불 두 개를 피웠다. 하나는 떡 솥을 위한 것이었고, 다른 하나는 필요할 때 떡 솥에 부을 물을 끓이기 위한 것이었다.

모두가 설날 준비를 거들었다. 이렇게 서로 돕는 마음으로 진정한 설날이 되었다. 응우옌홍과 찌에우꽝은 대나무를 자르며 오후를 보냈다. 그들은 마디마디를 잘라서 텐트 옆에 쌓아두었다.

우리는 떡을 찌는 동안 샤워를 하고, 휴식을 위해서 가장 큰 텐트 주위로 모였다. 그러고는 소니 라디오로 사이공의 송년 방송을 들었다. 그런 다음 우리 삶에서 일어나고 있는 일에 대해서 이야기를 나누었다. 그 당시 프엉보이에서 계속 지내던 사람은 홍과 리, 뚜에, 땀후에 보살님 그리고 나였다. 다른 친구들은 집을 찾아 사방에서 날아온 새와 같았다. 우리는 마지막으로 본 이후 삶에서 일어난 모든 사건과 변화에 대해서 행복하게 이야기를 나누었다. 우리는 모두 프엉보이가 진정한 집이고, 모교라는 것을 알고 있었다.

몽타나드 언덕에 서 있는 키 큰 나무 가지와 몽타나드의 집 난간을 따라 만과 리가 등을 달았다. 홍은 10시 30분이 되자 모닥불에 불을 붙이라고 했고, 몇 분 만에 불이 활활 타올랐다. 불꽃이 너무 높이 타올라서 숲에 불이 옮겨 붙을까봐 걱정이 되었다. 다행히도 숲은 4백 미터 이상 멀찌감치 떨어져 있었다. 몽타나드 언덕이 가장 높은 곳에 있었기 때문에 그 불은 숲 전체에 빛의 동심원을 그렸다. 동물들은 틀림없이 깜짝 놀랐을 것이다. 희미한 빛과 그림자의 놀이로 먼 언덕 위에 있는 다이하 아저씨의 집까지 알아볼 수 있었다. 11시가 되었을 때 불꽃은 하늘에 넘실거렸다.

우리는 새해 공양을 올리기 위해 명상실로 돌아왔다. 단순한 의식이 약 20분쯤 계속되었다. 자정에는 홍과 만, 꽝과 히엔 그리고 리가 불 속에 대나무 조각을 던지기 시작했다. 이윽고 대나무 조각들이 요란한 소리를 내며 터졌다. 대나무는 '불꽃놀이' 구실을 하였다. 50개가 넘는 대나무 조각을 불 속에 던졌고, 50개 모두 잘 터졌다. 틀림없이 숲속에 사는 모든 동물들이 화들짝 놀랐을 것이다.

리의 떡은 맛이 좋았다. 거기에 몇 가지 요소가 기여했다. 떡을 준비하는 리의 남다른 재능, 프엉보이의 특별한 분위기, 우리가 나눈 깊은 이해와 행복 그리고 아마 무엇보다도 우리의 배고픔. 전통에 따라 우리 중에 가장 나이가 많은 땀후에 보살님이 우리 한 사람 한 사람에게 단순하면서도 깊은 울림이 느껴지는 새해 인사를 수줍게 전해주셨다. 그런 다음 각자가 다른 모든 사람에게 행복을 비는 마음을 나누었다. 새해 인사는 다 합해서 쉰네 개나 되었다!

우리는 세 팀으로 나뉘어 설날 숲을 탐험하기 위해 길을 나섰다. 가는 길을 따라 작은 불을 피우기 위해 때때로 멈추었고, 그 불에 더 많은 대나무 폭죽을 던져 넣었다. 타이 탄뚜는 우리의 첫 설날에 함께하지 못했다. 하지만 그다음 해에 우리가 이 소년 같은 놀이를 할 때에는 그도 우리만큼이나 잔뜩 신바람이 나서 함께했다.

프엉보이에서 우리는 서로를 가족처럼 느끼곤 했다. 타이 탄뚜조차도 인사법이 좀 더 활기차졌다. 그는 산행과 꽃꽂이 그리고 자유롭고 개방적인 프엉보이 스타일의 정원 가꾸기를 시작했다. 처음 찾아왔을 때부터 타이 탄뚜는 프엉보이와 깊은 연결을 느꼈다. 그는 우리에게 몽타나드 언덕에 암자를 지을 작은 땅을 남겨달라고 당부했다. 나는 그에게 프엉보이를 내 집처럼 생각하라고 일렀다. 우리는 불과 몇 개월 만에 그의 친구 몇 명의 도움을 받아 몽타나드 언덕 경사진 곳에 그를 위한 암자를 지었다. 우리는 그곳을 '명상의 기쁨 오두막Joy of Meditation Hut'이라고 불렀다. 부처님께 음식을 공양하면서 하는 독송에 등장하는 "매일의 음식인 명상의 기쁨"이라는 구절은 명상으로 얻어지는 영적인 자양분을 의미한다. 우리가 이 이름을 제안하자, 타이 탄뚜는 기뻐했다. 명상의 기쁨 오두막 근처에 또 다른 물탱크를 팠다. 타이 탄뚜는 그의 오두막 앞에 꽃들을 심고 아름다운 격자무늬 울타리를 만들었다. 그리고 그 둘레 전체에 훨씬 더 많은 꽃을 심었다. 언덕으로 이어지는 길 양옆을 따라서는 지린(베트남 남부 럼동 성의 현)에서 가져온 소나무 묘목을 심었다.

명상의 기쁨 오두막이 완성될 무렵, 몽타나드의 집 공사가 시작되었다. 찌에우꽝과 응우옌홍이 몽타나드 친구 둘과 마을에 사는 프엉 씨의 도움을 받아 거의 모든 일을 했다. 몽타나드의 집은 언덕 꼭대기에 있어서 바람과 여러 요소에 노출될 것이기에 집을 단단하게 짓기 위해 많은 노력을 기울였다. 그럼에도 두 달이라는 짧은 기간 안에 우아한 집이 완성되었다. 나는 내외부 장식을 도왔다. 몽타나드의 집은 곧 프엉보이가 우리에게 의미한 모든 것을 상징하게 되었다. 우리는 오후 내내 그곳에서 차 명상을 하였고, 저녁 시간에는 앉아서 명상을 하면서 보냈다. 종종 그곳에서 잠을 자기도 했다. 하지만 춥고 바람이 부는 날에는 침구를 챙겨 들고 언덕 아래에 있는 더 잘 지어진 집에 피신해야 했다.

나는 몽타나드의 집 발코니에서 달과 별들을 바라보고 서 있던 경이로운 밤들을 결코 잊지 못할 것이다. 달과 별들이 마치 손에 닿을 듯 가까이 있는 것처럼 느껴졌다. 그 발코니에서 본 저녁별은 달만큼이나 컸다! 수많은 밤에, 나는 밤하늘을 보게 해주려고 리를 윙고 더미에서 끌어냈다. 나도 밤에 글 쓰는 것을 좋아했지만, 별이 빛나는 밤에는 글쓰기가 불가능했다.

나는 더 이상 프엉보이가 안전하지 않다는 소식을 듣는다. 그리고 타이 탄뚜가 프럼(베트남 남서부 안장 성에 있는 도시)으로 돌아가기 위해 명상의 기쁨 오두막을 포기해야만 했다는 소식도 들었다. 떠나올 때, 나는 그가 그곳에서 평화롭게 머물 수 있으리라 생각했는데, 예상이 틀렸나보다. 나는 어제 평화롭고 다정한 마음으로 그에게 편지를 썼다.

사랑하는 타이,

나는 진리를 찾았습니다. 이토록 호언장담하는 말을 듣고 당신은 아마 웃음을 터뜨릴 것입니다. 하지만 진심입니다. 진리와 마주쳤을 때, 나는 깜짝 놀랐습니다. 그것은 평범함 그밖에 어떤 것도 아니었습니다. 그것은 오래전에 만난 어떤 사람, 오랫동안 친밀하게 알았던 어떤 사람이었습니다. 내가 그것을 인식하는 데 왜 그다지도 오랜 시간이, 만 번의 생애보다 더 많은 세월이 필요했을까요? 그것을 보았을 때, 아주 놀랐습니다. 할 수 있는 건, 스님께서 이 글을 읽는 동안 분명 하고 있으리라 짐작되는, 웃음을 터뜨리는 일뿐이었습니다.

나는 말했습니다. "진리와 같은 화려한 이름을 가졌으니 더 아름다울 것이라고 생각했습니다."

"당신은 내가 추하다고 생각하십니까?" 진리가 물었습니다.

나는 다시 진리를 바라보며 추하지 않다고 인정해야만 했습니다. 그러자 진리가 물었습니다. "이제 당신이 나를 보았으니 오늘 밤에 무엇을 하시겠습니까?"

나는 근엄하게 대답했습니다. "배고플 때 먹겠습니다. 고단할 때 자겠습니다."

타이, 탄손낫 공항(베트남 호치민 시의 공항)을 떠나던 날, 나는 달걀 하나를 가져왔습니다. 그리고 지금도 그 달걀을 가지고 있습니다. 나는 여러 해 동안 그 달걀을 품어왔습니다. 마치 닭이 자신의 알을 품고 앉아 있는 것처럼. 나와 함께 공항에 갔던 친구들은 이 사실을 알지 못했습니다. 세관원들도 알아차리지 못했습니다. 나도 아무 말 하지 않았지만, 명상의 기쁨 오두막에 앉아 있는 타이, 스님께서는 알고 계셨으리라고 믿습니다. 나는 스님께 그것에 대해 언젠가 한 번 말했고, 만일 그 달걀이 부화하면 알려주겠노라고 약속했습니다. 기억하시나요? 1년 더 그 달걀을 품고 있은 끝에 좋은 조건들이 뒷받침되어 마침내 껍질을 깨고 작은 병아리가 빛

속으로 걸어 나왔습니다. 그 병아리의 빠른 성장은 어린 전사 푸동의 성장˙과 맞먹습니다.

5월 7일에 나는 부처님과 마라 Mara (인도 신화 속에 등장하는 악마의 일종으로 싯다르타가 보리수 아래서 큰 깨달음을 얻기 직전에 그의 수행을 방해했던 마왕 파순을 가리킴)의 대화를 목격했습니다. 부처님은 영취산(인도 비하르 주 라즈기르 시 근처에 있는 산)에서 마라를 영예로운 손님으로 맞이했습니다. 그 대화는 훌륭했습니다. 그들의 대화를 적어 하나의 경전으로 보내드립니다.

부처님 : 앉으시지요.
마라 : 고맙습니다. 부처님. 시자 아난다가 아주 까탈스럽습니다. 제가 도착했다고 알렸지만 그는 부처님을 친견하고자 하는 제 요청을 거절했습니다. 그는 "여기 무슨 일이 있으신가요? 부처님은 몇 년 전에 보리수 아래에서 당신을 승복시켰습니다. 그리고 이제 부처님은 분명 당신을 받아들이지 않으실 겁니다. 당신은 그의 적입니다"라고 말했습니다. 하지만 제가 반박하자 그는 어쩔 수 없

• 푸동은 베트남 신화 속 영웅이며 원래 이름은 타인 종 Thánh Gióng이다. 전설에 따르면 푸동은 세 살이 되어서도 말을 못 하고 제대로 기어 다니지도 못하는 아기였다. 그런데 한 왕이 막강한 외적을 물리칠 사람을 찾고 있다는 소식을 듣고는 몇 달 만에 엄청난 속도로 자라 적을 물리치고 나라에 평화를 가져왔다고 전해진다. 베트남 하노이의 외곽 지역에서는 매년 봄 쌀 수확을 하기 전에 풍년과 나라의 평안, 가정의 번영을 상징하는 수호신인 푸동을 기리는 종 Gióng 축제를 연다.

이 나를 안으로 들여보내 주었습니다.

부처님(웃으며) : 그에게 뭐라고 하셨습니까?

마라 : 제가 물었습니다. "그렇다면 부처님에게 지금 적이 있습니까?" 적이 있는 부처는 진정한 부처가 아닙니다. 부처님의 시자는 그것을 분명히 이해했습니다. 그리고 나를 들여보내 주었지요.

부처님 : 그대는 언제나 술수를 써서 다른 사람들에게 승리합니다. 만일 그렇게 하지 않는다면 당신은 마라가 아닐 것입니다.

마라 : 맞습니다, 부처님이시여. 무엇이 나를 괴롭히는지에 대해 말씀드리게 해주십시오. 사람들은 나를 좋은이웃으로 단장하고, 내 얼굴이 잔인하고 어리석게 보이도록 칠을 합니다. 그들은 내가 의심의 검은 연기를 들이마신다고 말합니다. 그것은 사람들이 내게 준 유일한 형상입니다. 어디를 가든 사람들은 나를 경멸하고, 나는 두려움의 대상이 됩니다. 마라로 존재하는 것은 정말 재미가 없습니다.

부처님 : 부처로 존재하는 것은 재미있다고 생각하십니까? 온갖 기업들은 자기 제품을 팔기 위해 나를 이용합니다. 신도들은 나를 꽃수레에 태우고, 양쪽에 가게들이 즐비하게 들어선 거리를 가로질러 끌고 갑니다. 그 가게들은 숯도 팔고 생선으로 만든 소스도 팝니다. 다른 무엇을 또 파는지 누가 알겠습니까? 부처라고 더 행복할 것이라고 생각하지 마십시오.

이 말을 들으면서 마라는 웃음을 터뜨렸습니다.

나는 평화롭고 다정한 마음으로 타이 탄뚜에게 편지를 썼다. 만일 우리가 언젠가 프엉보이로 돌아갈 수 있다면, 나는 몽타나드의 집 탁자 위에 이 편지의 사본을 올려둘 것이다.

1962. 8. 20.

뉴저지, 메드퍼드

지난 며칠 동안 꽤 추웠다. 내일모레 나는 며칠을 보내기 위해 프린스턴으로 떠난다. 그런 다음 뉴욕으로 돌아갈 것이다. 포모나에 머문 덕에 기운을 차릴 수 있었다. 산에 오르고, 카누를 타고, 수영을 했다. 아이들이 하는 모든 것을 다 했다. 자연 속에서 걷고, 공예품을 만들고, 탁구를 치고, 배구를 했다. 달리기도 하고, 촌극을 올리는 것도 돕고, 게임도 했다. 아이들은 시간이 있을 때면 언제나 나와 함께 걸어서 포모나로 돌아왔다. 우리는 서로에게 벗이 되어주었고, 정말 즐거웠다.

어젯밤 캠프의 마지막을 축하하는 행사가 있었다. 그 행사는 아메리카 원주민을 기념하는 것이었다. 나는 '명예 강사'로 초대되어 기다란 녹색 깃털을 받았다. 아이들은 어두운 숲에서 아메리카 원주민의 전통 춤을 선보였다. 그러다가 9시 30분이 되자 어둠 속을 걸어 의식이 열리는 곳으로 갔다. 5백 명의 아이들이 있었고, 그들은 모두 완벽하게 침묵했다. 나는 깊은 인상을 받았다. 그들이 그곳에 도착했을 때, 각 집단은 정해진 장소에 앉았다. 별빛 아래에서 나뭇더미의 희미한 윤곽을 볼 수 있었다. 모두가 아무 소리도 내지 않고 기다렸다.

정확히 10시가 되자 숲속 깊은 곳에서 고대의 소리 같은 기이한 울음이 들려왔다. 그런 다음 북이 울리기 시작하며 연장자들의 도착을 알렸다. 잠시 뒤 세 인물이 나뭇더미 앞에 서 있는 모습이 어슴푸레하게 보였다. 한 사람이 그 나뭇더미 위로 신호를 보내고 성스러운 불이 돌아오도록 청하는 기도를 독송했다. 그의 목소리는 경이로움을 불러일으켰다. 잠시 뒤 "치직"하는 소리가 나고 파란 불꽃의 섬광이 일었다. 그런 다음 나뭇더미에서 불꽃이 타올랐다. 불이 점점 더 밝아지자 세 인물의 모습이 분명하게 드러났다. 그들은 허리에 샅바 같은 천만 걸친 소년 세 명이었다. 몸과 얼굴에는 어두운 색 물감으로 줄무늬가 그어져 있었고, 머리에는 깃털이 꽂혀 있었다.

그들 가운데 한 명이 의식을 시작하라고 명령했고, 제일 먼저 춤을 선보였다. 나는 아이들이 얼마나 열심히 연습했는지 알 수 있었다. 그들은 전통 복장을 하고, 춤의 정신과 그들이 대표하는 부족을 표현하기 위해 최선을 다했다. 관객들은 조용히 지켜보았다. 그 누구도 속삭이거나 몸을 꼼지락거리지 않았다. 그리고 그 공연이 아무리 대단할지라도 그 누구도 박수를 치지 않았다.

나는 한 여인의 마음을 얻기 위해 이글거리는 횃불을 들고 서로 싸우는 두 젊은이의 춤이 가장 마음에 들었다. 우리는 격렬한 싸움을 지켜보며, 마침내 한 젊은이가 승리할 때까지 몰입한 채 앉아 있었다.

춤이 끝나고 의식이 치러졌다. 그것은 오카니콘이란 '나라'에서 특별한 모습을 보여준 참가자에게 영예로운 깃털을 주는 의식이었다. 한 연장자가 젊은이의 이름을 불렀다. 사방에서 그 부름을 따라 메아리가 울렸고, 이윽고 짧은 북소리가 이어졌다. 메아리가 신비롭게 들렸는데 그것은 마치 그 의식을 목격하기 위해 온 영혼들이 낸 소리 같았다.

나는 브수당글루에 사는 부족 사람들과, '리어'라는 채소를 뜯으러 종종 프엉보이를 가로질러 가던 몽타나드 친구들을 생각하지 않을 수 없었다. 살짝 보랏빛이 감도는 리어의 부드러운 속잎은 식용이 가능하다. 리어 잎이 짝을 지어 자라기 때문에 사람들은 그것을 "쌍둥이 잎"이라고 불렀다. 몽타나드 사람들은 그들이 숲에서 수확한 많은 것들, 이를테면 대나무, 라탄, 난초 그리고 사슴 고기 등을 도시에 내다 팔았다. 하지만 결코 리어 잎만은 팔지 않았다. 그들은 이 푸른 잎이 다리에 생기는 경련을 막아준다고 했다. 나는 리어 잎에 관절염을 완화시켜주는 성분이 있다고 생각한다. 다이하 아저씨는 리어 잎에 불면증 치료 효과도 있다고 했다. 때때로 우리는 귀한 리어 잎을 따다가 땀후에 보살님께 국을 끓여달라고 부탁했다. 몽타나드 친구들은 리어 잎으로 국을 끓이지 않았다. 그들은 리어 잎을 다지고 소금을 약간 친 다음 쪄서 먹었는데, 그들은 그 음식을 가장 좋아한다.

어느 날 오후 식물학과 교수인 프엉 여사가 사이공에서 나를 찾아왔다. 그는 '리어'라고 하며 채소를 조금 가지고 왔고, 그것으로 국을 끓였다. '리어' 국을 먹자 취기가 조금 올랐다. 우리는 그 일로 마음씨 착한 친구를 놀리며 무척 재미있어 했다. 채소를 제대로 알아볼 수 없는 식물학자라고!

때때로 몽타나드 사람들이 프엉보이를 지나갈 때면, 우리는 차를 대접하기 위해 그들을 초대하기도 했다. 그들 대부분은 베트남어를 조금 할 수 있었다. 우리 가운데 오직 다이하 아저씨만이 몽타나드어를 할 줄 알았는데, 우리에게 가르쳐줄 시간이 없었다. 나는 등사판으로 인쇄한 베트남-몽타나드 사전을 하나 찾았다. 그리고 정확히 우리 도서관 어디에 그것을 두었는지 기억한다.

우리 모두는 몽타나드 사람들에게 특별한 연대감을 느꼈다. 그들은 정직하고 진실했다. 그런데 불행하게도 많은 베트남 사람들이 그들을 속이려고 들었고, 오늘날 몽타나드 사람들 대부분은 마음을 덜 터놓고 덜 솔직하다.

몽타나드 사람들은 대단히 옹골차고, 베트남 사람들보다 질병에 훨씬 더 저항력이 있다. 그들은 위생에 그다지 주의를 기울이지 않지만, 병이 나는 일이 거의 없다. 몽타냐드 사람이 아프면 그것은 종종 심각하고 치명적이기까지 하다. 언젠가 한번 프엉보이를 가로질러 지나가는 한 몽타냐드 가족을 만난 적이 있다. 그런데 아들이 아버지를 등에 업고 있었다. 어르신은 늙고 여위었고, 팔다리가 갈대처럼 가늘었다. 가족은 아버지가 병 때문이 아니라 나이가 들어 죽어가는 것이고, 그렇기 때문에 아무런 치료법이 없다고 말했다. 가족들은 아버지의 죽음이 가까이 왔음을 알고, 아버지가 죽음을 맞기를 원하는 곳으로 모셔가고 있었다.

또 한번은 한 몽타냐드인 엄마가 이제 막 걸음마를 시작한 아기를 얼음처럼 차가운 샘물에 목욕시키는 것을 보았다. 바깥 날씨도 차가웠을 뿐만 아니라, 그들을 지켜보는 것만으로도 내 몸이 떨렸다. 하지만 아이는 한 번도 훌쩍이지 않고 그 냉기를 견뎠다. 도시의 아이를 그렇게 목욕 시켰다면 아마 폐렴에 걸렸을 것이다. 땀후에 보살님은 몽타냐드 사람들은 갓 태어난 아기도 찬물에 목욕을 시킨다고 했다. 아기를 차가운 샘에 여러 번 빠뜨리고, 그것을 견뎌낸 아기는 강하고 건강하게 자라고, 그렇지 못한 아기는 죽는다고 했다. 나는 그게 사실인지 아닌지 알지 못한다. 하지만 아마도 그것이 몽타냐드의 인구가 늘지도 줄지도 않으며 꾸준한 수를 유지하는 이유인지도 모르겠다.

나는 다이하 아저씨와 함께 흰꽃이 피는 매화나무 묘목을 심던 중 몽타나드 사냥꾼 몇 명이 지나갔던 그날 오후를 결코 잊지 못한다. 몽타나드 사냥꾼들은 촉에 독이 묻은 화살과 활을 가지고 다녔다. 우리는 그들과 이야기를 나누기 위해 일을 멈추었고, 다이하 아저씨가 통역을 했다. 독화살을 손에 들어본 것은 그때가 처음이었다. 다이하 아저씨는 그들이 어떻게 노란 독을 만드는지 우리에게 설명해 주었다.

리는 그들의 활 쏘는 기술을 보기 위해, 그들 가운데 한 사람에게 화살을 쏘아보라고 청했다. 그는 숲 가장자리에 있는 구부러진 가지가 과녁이라고 가리켰다. "팅" 하는 이상한 활시위 소리와 "쉭" 하는 화살 날아가는 소리는 그의 화살이 과녁을 빗나갔다고 생각하게 만들었다. 하지만 아니었다. 그것은 날카로운 "쿵" 소리와 함께 과녁을 정확히 맞혔다. 우리는 화살이 떨림을 멈추기도 전에 환호를 터뜨렸다.

우리는 이 사냥꾼 무리에게서 깊은 인상을 받았다. 그들은 분명히 부족의 옛 방식을 잘 알고 있었다. 우리가 생각하기에 그런 사냥꾼 무리라면 아무 두려움 없이 정글 어디라도 여행할 수 있을 것 같았다. 이런 호의적인 느낌에 찌에우꽝은 그들에게 숲에서 호랑이를 만나면 어떻게 하는지 물었다. 그런데 그들은 "도망가요"라고 짧고 정곡을 찌르는 대답을 했다. 우리는 그저 웃음을 터뜨렸다. 사냥꾼들은 어리둥절한 표정으로 우리를 바라보았다. 그들은 정직하고 단순하게 대답했다. 우리가 상상하던 호랑이와의 격렬한 전투는 생각할 수도 없었다!

다이하 아저씨는 우리 가운데 그 누구보다도 몽타나드 사람들의 방식과 그 숲에 대해 잘 이해하고 있었다. 그는 말했다. "이 지역 호랑이들은 인간을 죽이거나 잡아먹지 않아요. 대신 사슴이나 다른 동물들을 먹습니다. 이곳엔 동물들이 넘쳐나지요. 꽝빈(베트남 중부의 성)과 꽝찌(베트남 중북부의 성) 근처의 부분적으로 개간된 숲에 사는 호랑이들과는 다르답니다. 너무 작은 영역에서 살도록 강요당하면 호랑이들이 인간을 공격해요. 만일 이 숲에서 호랑이를 만나도 길을 방해하지 않으면 공격하지 않을 거예요. 그게 바로 몽타나드 사람들이 의미하는 바입니다."

뚜에는 눈물이 핑 돌 때까지 웃었다. 선량한 마음씨를 가진 몽타나드 사람들을 만난 것은 좋은 일이었다. 도시에서라면 이런 웃음으로 인해 언짢은 기분이 들거나 싸움까지도 일어날 수 있었을 것이다. 하지만 웃지 않기가 힘들었다. 그 사냥꾼들의 대답은 우리의 순진한 생각과는 너무 달랐다.

어느 날 땀후에 보살님의 아들인 프엉이 자전거를 타고 프엉 보이로 가는 길로 들어섰다. 명상의 숲으로 단지 9미터쯤 들어서 길이 꺾어지는 바로 그 지점에서 그는 길 한가운데 떡하니 드러누워 있는 엄청나게 큰 호랑이와 맞닥뜨렸다. 프엉을 향해 등을 보이고 있는 호랑이는 마치 백일몽을 꾸듯 먼 산을 바라보고 있는 것처럼 보였다. 프엉은 놀라서 그 자리에 얼어붙었다. 우리 중에 누군가가 똑같은 상황에 처한다면 아마 기절하고 말았을 것이다. 프엉이 겨우 3미터 거리에 있었지만, 호랑이 씨는 프엉의 존재를 알고 있다는 그 어떤 신호도 보내지 않았다. 프엉은 만일 뒤를 돌아 자전거를 타고 달아나면, 호랑이가 자전거 소리를 듣고 뒤에서 그를 공격할까 봐 두려웠다. 전진이냐 후퇴냐, 그 어떤 선택도 마음을 당기지 않았다. 그래서 프엉은 또 다른 계획을 생각해냈다. 그는 호랑이를 놀라게 해서 숲속으로 달아나도록 만들어야겠다고 생각했다. 그러고는 자전거를 집어 들고 땅에다 힘껏 내동댕이쳤다. 그리고 동시에 간담이 서늘해지는 소리를 질렀다. 하지만 호랑이 씨는 놀라지 않았다. 그저 유유히 일어나서 흘낏 뒤를 돌아보지도 않고 숲으로 느긋하게 걸어갔다.

나는 유칼립투스 가지를 살피다 프엉의 비명을 들었고, 이내 소리가 나는 곳으로 달려갔다. 그러고는 쓰러진 자전거 옆 땅바닥에 누워 있는 프엉을 발견했다. 그는 털 뽑힌 닭처럼 하얗게 질려 있었다. 나는 땀후에 보살님을 불러서 함께 프엉을 집으로 데려왔다. 그가 제정신을 찾는 데 3일이 넘게 걸렸고, 그럼에도 두려움을 떨쳐내지 못했다! 브수당글루 호랑이들이 인육을 먹지 않아 천만다행이었다. 그렇지 않았다면 우리는 한 차례 이상 위험에 처했을 것이다.

옛날에 어떤 베트남 사람들은 맹수들이 있는 산악 지대에서 사는 것을 선택했다. 그들은 억압하는 체제 아래 사는 것보다 산 채로 잡아먹히는 위험을 선호했다. 프엉보이는 물론 위험한 동물로 가득 찬 곳은 아니었다. 그곳은 아름답고 평화로웠다. 그리고 경이로운 곳이었다. 그러나 무엇이 우리가 도시와 마을의 삶을 버리게 만들었을까? 불교 지배층은 우리를, 특히 리와 나를 받아들이지 않았다. 우리가 진실을 말하는 데 단호했기 때문이다. 이제 나는 진실과 미덕이 반드시 힘과 함께 가야 한다는 것을 이해한다. 오래전에 프랑스 작가 라퐁텐La Fontaine(1621~1695, 프랑스의 시인이자 동화작가)의 글을 처음 읽었는데, "가장 강한 정당의 주장이 언제나 최선이다La raison du plus fort est toujours la meillure!"라는 진술에 마음이 편치 않았다. 그 이후 수십 년이 흘렀고, 삶은 나에게 그의 주장이 최소한 부분적으로는 진실이라고 한 번 더 가르쳐주었다. 힘이 없는 진실은 단단하게 서 있을 수 없다. 힘이 독재나 폭력을 의미하는 것일 필요는 없다. 하지만 사람은 반드시 강해야 한다. 힘이 없다면, 오직 펜만 가진 사람들이 어떻게 강력한 권위에 도전할 수 있겠는가?

우리들 모두 — 만, 히엔, 후옹, 뚜에, 홍, 나 그리고 수많은 다른 사람들 — 는 불교 지도층 가운데에서 자리를 잡을 수 없었다. 전통적인 그 어떤 것에 도전하든 불화의 씨앗을 심는다고 비난받았다. 우리는 오직 뭔가를 허물어뜨리기만을 바라는 대중 선동가로 여겨졌다. 지도층은 우리를 어떻게 다루어야 할지를 몰랐다. 그래서 그들은 우리가 목소리를 내지 못하게 했다. 우리는 베트남에서 8년 동안 민중의 요구에 응답할 수 있는 인본주의 불교와 통일된 불교 사원의 필요성에 대해서 목소리를 내려고 노력했다. 험난한 역경에 맞서며 그 씨앗을 뿌렸다. 그리고 그것들이 뿌리내리기를 기다리는 동안 거짓된 비난과 미움, 속임수 그리고 편협함을 견뎠다. 그래도 여전히 우리는 희망을 포기하지 않았다.

이제 그 씨앗들에서 무언가가 자라기 시작했다. 정치 체제에 대한 불만이 점점 커지면서 민중들을 위한 불교라는 생각이 구체화되었다. 우리는 당시에 우리의 생각이 얼마나 깊이 뿌리내릴지를, 특히 중부 베트남에서는, 상상조차 할 수가 없었다. 어느 날 오후 뉴후에, 뉴반과 함께 꽝남에 있는 가난한 암자를 찾아가다가 한 어머니가 아이를 재우며 땀끼엔이 만든 저항의 노래 가운데 하나를 부르고 있는 것을 들었다! 울고 싶었다.

물론 너무 많은 것을 너무 빨리 기대할 수 없다. 낡은 껍질을 벗겨내는 일을 한 문화가 하룻밤 사이에 혹은 아무런 저항 없이 할 수는 없다. 종종 도전에 대한 두려움은 굴종하는 정신과 함께 온다. 그리고 만약 굴종이 있다면, 문화는 진정한 문화가 아니고 단지 다른 사람을 통제하기 위한 도구일 뿐이다. 낡은 것들에 도전하는 가운데 생겨난 고난과 갈등은 피할 수가 없다. 그렇기에 그 고난의 길이야말로 따를 가치가 있는 유일한 길이다.

우리는 프엉보이로 옮긴 뒤에도 계속해서 활동을 이어갔다. 숲을 탐험하고, 시를 읽고, 그저 우리 자신을 만끽하는 데 많은 날들을 보냈지만, 그러면서도 많은 시간을 '참여 불교engaged Buddhism'(틱낫한이 베트남 전쟁 당시에 만든 용어로, 세상의 고통에 적극적으로 응답하는 불교란 의미)에 대해 공부하고 토론하고 글을 쓰는 데 바쳤다. 리는 늘 자정이 넘도록 원고 작업을 하며 깨어 있었다. 나는 건강이 좋지 않아 늦도록 깨어 있을 수 없었다. 하지만 나는 할 수 있는 만큼 열심히 일했다. 연구와 저술 이외에 불교 사전을 집대성하는 일도 시작했다. 베트남을 떠나기 전에는 미완의 원고를 냐짱(베트남 칸호아 주의 성도, 현재는 해안 휴양지로 유명함)의 불교 연구소에 있는 젊은 친구들에게 건네주었다. 그리고 그것을 완성해 달라고 부탁했다.

도서관에서 우리가 함께 공부한 시간을 떠올리면 행복해진다. 응우옌홍과 탄뚜에는 특히 부지런한 학생이었다. 나는 때때로 덜 알려진 경전들을 소개했고, 이것이 훌륭한 토론을 불붙였다. 리는 가장 달변가였다. 우리는 때때로 그를 진정시켜야만 했다. 타이 탄뚜는 말을 거의 하지 않고 그저 부드럽게 미소를 지었다. 가끔 우리는 그에게 토론을 이끌어달라고 청했다. 나는 사이공에서 불자 학생들이 찾아왔을 때 그가 이끌었던 선禪에 대한 훌륭한 토론을 기억한다.

찌에우꽝도 별로 말을 많이 하지 않았다. 하지만 그가 말을 할 때면 종종 격렬한 논쟁의 불꽃이 일곤 했다. 무엇보다도 꽝은 숲에서 일하는 것을 좋아했다. 그는 숲의 가장자리에 있는 아름다운 땅을 개간했다. 그는 그곳을 '극락의 잔디밭'이라고 불렀고, 거기서 송아지를 키우고 싶어 했지만, 우리는 그 생각에 반대했다. 뚜에는 웃으며 "적어도 매일 아침 신선한 우유를 마실 수 있을 텐데!"라고 말했다. 나는 송아지가 호랑이를 끌어들일까 봐 두려웠다.

어느 날 꽝은 작은 사슴을 묶은 채 지고 가는 한 무리의 몽타나드 사람들을 만났다. 그는 극락의 잔디밭에서 키울 생각으로 그 사슴을 샀고, 아무도 반대하지 않았다. 묶어 놓지도 않고 다정하게 보살폈건만 사슴은 우리가 주는 그 어떤 것도 먹으려 들지 않았다. 나흘이 지나자 꽝은 어린 사슴에게 우유를 주어야겠다고 생각했고, 기를 쓰고 사슴을 덥석 안아 무릎에 올렸다. 그 뒤 사슴은 극락의 잔디밭을 껑충거리며 뛰어다니기 시작했고, 다음 날 아침에는 온데간데없었다. 사슴은 체로키 캠프의 야영객들이 입양한 빨리 자라는 새끼 사슴 다티노처럼 숲으로 돌아갔다. 모든 아이들이 그 사슴을 집으로 데려가고 싶어 했지만 나는 아이들에게 다티노를 다시 숲에 풀어주자고 제안했다. 아이들 가운데 몇몇은 실망했지만 결국 그들도 동의했다.

꽝의 사슴이 떠난 그 여름에 우리에게 슬픈 일이 많이 있었다. 지에우암 스님이 아팠다. 우리는 소히에르 박사의 병원으로 스님을 데려갔다. 리는 체포되었고, 나는 사이공으로 피해야 했다. 그리고 다른 모든 사람들도 '보호'라는 명목으로 정부군이 세운 근처의 전략 마을로 강제 이주해야만 했다. 그 모든 것이 정부 보안요원의 방문과 함께 시작되었다. 그들은 우리를 비밀스러운 운동가라고 의심했다. 신분을 밝히진 않았지만, 우리에게 질문하는 방식을 보고 우리는 그들이 정부 요원이라는 사실을 눈치챘다. 우리는 안정감을 잃고 우리의 낙원이 서서히 무너지는 것을 지켜보았다.

나는 그 여름에 일어난 사건들의 세세한 내력을 모두 기억한다. 뉴히엔이 우리에게 지에우암 스님이 차도를 보인다고 말한 뒤 고작 3일이 지나 스님의 병세가 더 악화되었다는 전보를 받았다. 홍과 나는 산을 내려가 큰길로 갔다. 병문안을 가기 위해 달랏에 있는 소히에르 병원으로 갈 차편을 얻어 탈 요량이었다. 불행하게도 우리는 아침 10시부터 오후 4시까지 내내 기다려야만 했다. 버스는 모두 만원이었고, 모든 차는 우리를 무시하고 지나갔다. 마침내 4시가 막 지날 무렵, 친구 응이어가 지나갔고, 우리를 달랏까지 태워주었다. 그는 할 수 있는 한 최대한 빨리 달렸지만, 그 길은 영원히 이어지는 것만 같았다. 우리가 마침내 병원에 도착했을 때 지에우암 스님은 의식을 되찾고 심각한 상태에서 벗어나 있었다. 스님은 엷은 미소를 지었다. 스님의 눈동자는 우리를 보며 기쁨으로 빛났다.

달랏에서 잠시 있은 뒤 우리는 지에우암 스님이 그랄 병원에서 추가 진료를 받도록 사이공으로 데려갔다. 이후 스님은 후에로 돌아갔다. 그곳의 기후가 스님의 회복에 더 도움이 되었다. 세 달 사이에 스님의 체력이 다시 돌아왔다. 내가 고국을 떠나기 전 스님은 자신에 차고 기분이 좋아 보였다. 티엔민 사원에 머물던 스님의 침대 머리맡에 앉아 우리는 미래에 함께할 사업에 대해서 이야기를 나누었다. 비록 고단해 보였지만, 스님의 미소는 밝고 활기차 보였다.

나는 내가 아홉 달 정도만 고국을 떠나 있을 것이라고 말했다. 그리고 내가 돌아올 때 즈음엔 상황이 더 나아질 것이고, 우리가 많은 것을 함께 이룰 수 있다고 확신했다. 나는 스님 속에 있는 믿음의 씨앗에 물을 주려고 했다. 그리고 스님이 회복하리라고 굳게 믿었다. 하지만 사랑스럽던 우리 스님은 석 달 뒤에 세상을 떠났다. 그 소식을 듣고, 나는 노트에 이 말을 천천히 쓰는 일밖에 할 수 없었다. "스님, 나는 당신이 그리울 것입니다." 그런 다음 무릎을 꿇고 스님을 위해 기도했다. 스님은 세상을 떠난 그 순간에 프엉보이의 모든 것과 우리 모두를 생각 속에 다 품으셨을 것이다. 스님이 눈을 감을 때 훙이 스님 곁에 있었다는 사실에 마음이 놓였다. 탄히엔, 뉴히엔 그리고 뉴리엔도 함께 있었다. 내가 돌아가도 지에우암 스님은 더이상 거기에 계시지 않는다. 나는 뚜꽝에 있는 스님의 묘지 앞에 서서 진심으로 말할 것이다. 나는 스님이 죽지 않았다는 것을 안다. 스님 같은 사람은 진정 죽을 수 없다. 스님은 아름답고 활발한, 그리고 믿음으로 충만한 삶을 살았다. 우리는 모두 스님의 모습을 내면에 지니고 있다. 우리는 스님의 죽음을 슬퍼하지만, 스님을 생각할 때마다 언제나 부드럽게 미소 짓는다.

1960년 설 전날에 그랄 병원으로 지에우암 스님을 찾아갔던 일을 기억한다. 프엉보이의 슬픈 설날이었다. 응우옌홍은 강제로 후에로 돌아가야만 했다. 다른 사람들도 모두 딴 지방으로 뿔뿔이 흩어졌다. 타이 탄뚜와 탄뚜에 스님 그리고 땀후에 보살님은 과감히 프엉보이에 남았다. 나는 남는 것이 두렵지 않았다. 하지만 사람들은 모두 나의 안전을 위해서 내가 떠나야 한다고 주장했다.

이후 사이공에 있는 쭉람 사원에 머물며 한 무리의 대학생들과 함께 사회봉사청년학교를 위한 첫 코스를 조직하기 시작했다. 가장 헌신적인 학생은 카인, 즈엉, 찌에우, 프엉, 찌, 니엔 그리고 끄엉이었다. 그들은 모두 자신들이 할 역할의 중요성을 이해했다. 그들은 자신들이 꾸린 설날 전야 모임에 나를 초대했다. 하지만 나는 지에우암 스님을 만나러 병원에 갔다. 나는 스님과 이야기를 나누고 설날 신문을 읽어주었다. 그리고 새해를 스님과 함께 맞기 위해 그곳에 머물렀다. 그 해에는 폭죽 터뜨리기가 금지되었고, 나는 새해 선물로 스님을 위해 가져온 꽃 옆에 분홍색 양초를 밝혔다. 새벽 1시에 스님의 행복한 새해와 편안한 잠을 기도했다. 이후 병원에서 나와 사원까지 혼자 걸었다. 시간이 늦어 거리에 차가 하나도 없었다. 나는 휘황찬란한 크리스마스 등을 밝힌 대통령궁을 지나며 그런 오만함에 슬픈 미소를 지었다.

다섯 달 뒤 리는 푸뉴안(오늘날 베트남의 경제 중심지인 호찌민 특별시의 한 군)의 꼬독 병원에 입원했다. 예전에 고통을 겪었던 심한 두통이 다시 찾아왔기 때문이다. 리는 대단한 힘과 용기를 가진 사람이었지만, 극심한 통증을 겪으며 주체하지 못하고 눈물을 흘렸다. 두통이 다시 시작되기 전에 그와 홍은 버스를 타는 큰길까지 타이 득뉴안을 배웅하러 갔다. 그런 다음 바오록 마을까지 8킬로미터 정도를 걸었다. 시장에서 몇 가지 필요한 것들을 사는 동안, 보안요원이 체포 영장을 들고 리에게 다가왔다. 홍은 경찰서까지 리와 동행했고, 리 없이는 프엉보이로 돌아오지 않으리라고 굳게 마음먹었다. 경찰은 리에게 진술을 요구했다. 그는 펜을 달라고 했고, 다음 날 밤이 될 때까지 앉아서 계속 썼다. 그가 글을 다 쓰자, 경찰은 리와 홍이 하룻밤 묵을 수 있도록 바오록 사원으로 그들을 데리고 갔다. 그 다음 날 아침 그들은 리에게 찾아와 더 많은 진술을 받아냈다.

홍이 돌아왔을 때 나는 《불교사전》 작업을 하고 있었다. 그는 내게 무슨 일이 있었는지 말해주며 종이 한 장을 건넸다. 거기에는 "만일 내가 돌아가지 않으면 나를 위해 내 책을 끝마쳐주세요"라고 리가 쓴 글이 적혀 있었다. 나는 그의 말에 깊이 감동했다. 친구들은 내게 사이공으로 즉시 떠나라고 강력히 권했다. 정부 당국이 우리를 한동안 감시해온 것 같았다. 아마도 그들의 정책에 반대하며 쓴 글과 책에 대해 보복하려는 의도였을 것이다. 그런 상황이라면 우리를 반대하던 그 어떤 사람이든 우리를 베트콩이라고 비난할 수 있었다. 우리가 하는 말을 그 누가 믿겠는가? 나는 사이공으로 떠날 준비를 했고, 그곳에서

리를 돕기 위해 내가 할 수 있는 일이 있기를 바랐다. 리가 풀려나면 바로 나에게 전보를 쳐달라고 뚜에에게 부탁했다. 나는 리에게도 풀려나면 사이공으로 오라는 말을 남겼다.

리에게 기별이 오기를 기다리는 일은 끝이 없게 느껴졌다. 하지만 마침내 다음 날 정오에 전보 하나를 받았다. 거기에는 "지에우암 스님의 병세가 좀 나아졌는지 알려주세요"라고 쓰여 있었다. 나는 그 말을 이해했고 크게 안심했다. 리가 풀려났다.

사이공으로 돌아온 뒤 리에게 두통이 다시 찾아왔다. 나는 그를 병원으로 데리고 갔고, 프엉에게 그를 돌봐달라고 했다. 다행히도 리의 병세는 한 달이 안 되어 나아졌다. 내가 베트남을 떠날 때 리는 불안해 보였다. 그는 다른 친구들이 그랬던 것처럼 나에게 고국을 떠나라고 강하게 권했다. 그들은 현재 상황에서 내가 고국에서 할 수 있는 일이 아무것도 없다고 했다. 리는 작별의 선물로 책 한 권을 주었고, 나는 프린스턴에 도착해서야 그것을 열어보았다. 마지막 장에 그가 손으로 쓴 두 줄의 글이 적혀 있었다.

당신이 돌아오는 날, 만약 하늘이 갈갈이 찢겨 있다면,
당신 마음 깊은 곳에서 나를 찾으세요.

그 글을 읽자 두려운 마음이 들었다. 고국의 상황이 점점 더 긴박해지고 있다는 사실을 알고 있었다. 체제에 대한 불만이

점점 커졌다. 프엉보이가 우리 손가락 사이로 빠져나가고 있었다. 리는 폭력적인 격변과 정부의 붕괴를 예측했다. 나는 마음을 졸이며 오직 내가 돌아갈 날만을 생각했다. 그리고 내가 사랑하는 모든 사람을 위해 기도했다.

전략 마을 하나가 고속도로 바로 옆에 세워졌다. 처음에는 타이 탄뚜, 뚜에 그리고 땀후에 보살님이 프엉보이에 머물렀다. 하지만 머지않아 그들 또한 떠나라는 지시를 받았다. 타이 탄뚜와 땀후에 보살님은 임시로 다이하로 가서 가끔씩 프엉보이를 둘러보았다. 뚜에는 교직으로 돌아가 일주일에 한두 번 프엉보이를 찾곤 했다. 나는 명상의 기쁨 오두막을 슬퍼한다. 나는 몽타나드의 집을 슬퍼한다. 나는 프엉보이에 있는 풀들의 모든 잎새를 슬퍼한다.

고국을 떠나기 전에 아무에게도 말하지 않고 프엉보이를 찾았다. 그리고 거기서 하룻밤을 보냈다. 아침에 차갑고 엷은 안개가 하늘을 에워쌌다. 나는 타이 탄뚜에게, 프엉보이에게 그리고 내 모든 책들에게 작별을 고했다. 그리고 타이 탄뚜에게 다음의 글을 헌사로 올렸다.

구름은 부드럽게 산꼭대기에 기대어 있네.
찻잎 향을 머금은 산들바람은 향기롭네.
명상의 기쁨은 흔들림 없이 남아 있네.
숲은 꽃향기를 자아내네.

어느 아침 우리가 깨어보니

안개가 지붕 주위를 감싸고 있네.

싱그런 웃음과 함께, 우리는 이별을 고했네.

음악 같은 새들의 지저귐

우리를 만 개의 길 위에 되돌려놓고,

바다처럼 관대한 꿈을 바라보네.

익숙한 난로의 깜빡이는 불꽃은

떨어지는 저녁 그림자를 따뜻하게 하네.

무상하고 자아가 없는 삶은

사기꾼으로 가득 차 있고

그의 사악한 마음을 달콤한 말로 감추네.

나의 확신은 변함이 없고

나는 평화로운 마음으로 안녕이라 말하네.

이 세상의 일들은 그저 꿈일 뿐이네.

수많은 날과 여러 달이

어린 말처럼 빨리 지나가는 것을 잊지 말기를.

태어남과 죽음의 흐름은 끊어지지만

우리의 우정은 결코 사라지지 않네.

타이 탄뚜는 몹시 감동했다. 그에게 말했다. "저는 이제 떠납니다. 하지만 다시 돌아올 겁니다." 그 이후로 나는 수도 없이 타이 탄뚜를 생각했다. 어느 날 내 노트에 적힌 두 줄로 된 다음 시구를 읽었다.

만나서 우리는 웃네. 하하!
떨어지는 잎들이 숲을 뒤덮네.

나는 갑자기 프엉보이를 생각했고, 마음에 그리움이 가득 찼
다. "만나서 우리는 웃네. 하하!" 그것은 우리가 매화교를 지나
몽타나드 언덕에 올라 서로에게 인사할 때의 모습 바로 그것이
었다.

하지만 충분하다, 충분하다. 프엉보이는 우리의 손가락 사이
로 빠져나가 스르르 사라졌다. 나는 모든 덤불과 모든 풀잎과
모든 오솔길을 슬퍼한다. 타이 탄뚜처럼 온화하고 전혀 위협
적이지 않은 사람조차도 더이상 프엉보이의 품 안에서 명상하
며 앉아 있을 수 없었다. 장차 무슨 일이 일어날까? 우리는 사
방으로 도망쳤다. 프엉보이는 얼마나 폐허가 되었을까? 몽타
나드의 집은 비바람을 견디며 우리가 돌아갈 때까지 서 있을
수 있을까?

우리는 프엉보이를 절대 잃을 수 없다. 그것은 우리 마음속
에 있는 성스러운 현실이다. 우리는 그 어디에 있든, 그저 '프엉
보이'라는 이름을 듣기만 해도 눈물이 났다. 나는 어제 만에게
편지를 썼다. 그에게 비록 태풍과 돌풍이 우리를 반대편으로
던져버렸지만, 믿음이 우리를 서로에게 다시 돌아가게 할 것이

라고 말했다.

메드퍼드는 춥고, 야영객들은 모두 집으로 돌아갔다. 그리고 이곳은 점점 더 고요해졌다. 나는 프엉보이를 생각하며 많은 시간을 보냈다. 그리고 그러면 그럴수록 내 마음은 더 평화롭고 충만해진다. 프엉보이의 다른 모든 '새들'도 나만큼 프엉보이를 많이 생각할 거라고 짐작한다. 메드퍼드의 숲 또한 내게 평화로운 시간을 많이 주었다. 아마도 뉴욕으로 돌아가면 프엉보이에 대한 이미지가 메드퍼드 이미지와 한데 어우러져 떠오를 것 같다.

1962. 12. 21.

뉴저지, 프린스턴

이곳에는 사람이 거의 없다. 학생과 교직원 대부분은 휴일이라 집에 갔다. 밖에는 눈이 내리고 있다. 오랜 집처럼 익숙한 브라운 홀은 12월 늦은 저녁의 고요함 속에 있다.

나는 그저께 도착했다. 그리고 프린스턴의 아름다운 캠퍼스에서 겨울 방학 3주를 보낼 것이다. 얼마나 멋진 크리스마스 선물인가! 지난 몇 주 동안 몹시 바빴다. 이제 당분간은 바쁜 시간을 모두 뒤에 남겨둘 수 있어서 매우 행복하다. 뉴욕을 떠나기 전 컬럼비아 대학교에 있는 몇몇 친구를 찾아갔다. 그 가운데는 프리스와 체부 교수도 있다. 나는 빈과 박란의 식당에도 들렀고, 아기인 그들의 딸을 안아주었다. 그동안 너무 바빠서 그런 단순한 즐거움을 누릴 시간이 없었다. 그런 다음 짐을 싸고 사무실에 들러 메일을 확인했다. 학과의 간사인 미리암이 교직원 송년 파티의 마무리를 하고 있었다.

미리암이 말했다. "학과장님께서 스님이 저희와 함께하시도록 초대하고 싶어 하세요."

나는 대답했다. "안타깝네요. 저는 곧 프린스턴으로 떠납니다."

"안타까운 일이네요! 그럼, 여기 케이크 한 조각이라도 어서 드세요."

케이크와 붉은 포도주가 파티를 위해 차려져 있었다.

미리암이 내게 케이크 한 조각을 잘라 건넸다. 나는 그것을 먹고 몸을 따뜻하게 하기 위해서 이리저리 걸었다. 감기 기운이 남아 몸이 떨렸다.

미리암은 "포도주를 조금 드세요. 몸이 따뜻해지실 거예요"라고 말했다.

"고맙습니다만 저는 한 방울만 마셔도 얼굴이 선홍색이 된답니다"라고 대답했다. 포트 어소러티 버스 터미널까지 나를 데려다주기로 한 친구에게 전화를 걸었다.

터미널은 여행객들로 가득 했다. 표를 사고 버스에 오르기 전 30분 동안 줄을 섰다. 고맙게도 터미널은 난방이 잘 되었다. 우리가 모두 타자 곧바로 버스가 움직이기 시작했다.

뉴욕에서 프린스턴까지 뉴저지 턴파이크(뉴저지 주에 있는 고속도로)를 따라 두 시간 동안 버스를 탄 것은 이번이 두 번째였다. 우리가 지나친 강과 호수 그리고 개울은 얼어붙어 있었고 안개로 시야가 좁았다. 뉴브런즈윅(미국 뉴저지 주 동부에 있는 도시)에 도착했을 때 눈이 내리기 시작했다. 모든 사람들이 가족과 함께 보내는 포근한 크리스마스이브의 이미지에 빠진 것 같았다. 사람들은 밝은 색 포장지로 싼 꾸러미들로 가득 찬 쇼핑백을 들고 있었다. 그 꾸러미들에는 빨간 리본이 달려 있었다. 사랑하는 사람들에게 줄 크리스마스 선물이었다. 눈은 계속해서 고요히 내리고 있었다. 들리는 것은 오직 고속도로를 달리는 버스 엔진의 윙윙거리는 소리뿐이었다.

나도 그 계절의 기분에 마음이 따뜻해졌다. 하지만 찹쌀, 출입구를 따라 늘어선 빨간 현수막에 한자로 써진 새해 인사, 잘 익은 수박과 복숭아 그리고 매화 가지가 가득한 저녁 시장, 일감이 많아 행복한 표정의 자전거 택시 기사 그리고 총소리를 들으며 집으로 돌아가기를 갈망하는 국경 주변의 군인들에게로 생각이 향했다.

버스가 멈추고 나는 작은 가방을 양 손에 들고 밖으로 나왔다. 그리고 부드럽게 내리는 눈을 맞으며 브라운 홀을 향해 걸어갔다. 내 머리 위로 눈송이가 쌓였다. 외투와 모자, 목도리와 장갑으로 꽁꽁 싸고 있는데도 추위가 느껴졌다. 브라운 홀에 도착했지만 아무도 보이지 않았다. 인도 친구 사피르를 겨우 찾았다. 그는 내 방 열쇠를 건넸고, 나는 외투를 벗고 짐을 풀 수 있어서 좋았다. 히터를 켜고 침대를 정돈했다. 그리고 창가에 서서 내리는 눈을 바라보았다. 프린스턴으로 돌아올 수 있어서 행복했고, 마음이 평온했다.

어제는 사피르와 함께 그의 폭스바겐 버그를 타고 쇼핑을 다녀왔다. 대학 구내식당과 매점은 휴일이라 문을 닫았다. 그래서 우리는 식당에서 밥을 먹거나 캠퍼스 센터 주방에서 식사를 준비해야 했다. 쌀, 양배추, 우유 그리고 다른 몇 가지 것들을 샀다. 그리고 함께 소박한 밥상을 차리고 주방에서 식사를 했다.

오늘 날씨는 매섭게 추웠다. 아침에 눈이 내리진 않았지만 밖으로 나갈 엄두가 나지 않았다. WPRB(뉴저지 프린스턴의 상업 FM 라디오 방송)의 아나운서는 외출을 자제하라고 당부하며, 영하 20도라고 했다. 나는 온종일 내 방에서 머물렀다. 정오 무렵 사피르가 음식 한 접시와 우유 한 통을 가져왔다. 저녁에는 다시 눈이 내리고 있다. 그리고 추위는 어쩐 일인지 조금 수그러든 것 같다. 사피르와 나는 90미터쯤 떨어진 캠퍼스 센터로 가서 따뜻한 식사를 준비할 참이다.

이곳의 겨울은 3월 말까지 계속될 것이다. 눈이 내리는 당일은 아름답지만 사나흘이 지나면 눈이 뭉쳐 딱딱해지고 더러워진다. 고향의 가난한 마을에 밤새 눈이 내린다면 그 모습이 확 바뀔 것이다. 베트남에는 눈이 내리지 않는다. 하지만 프린스턴에는 없는 아름다운 풍경이 있다. 이를테면 강물에 비친 코코넛 나무라든가, 꽃나무의 선홍색 꽃잎들로 가득 찬 도시의 거리들. 프린스턴의 겨울은 아주 오래 계속되어 모든 사람이 어서 봄이 오기를 학수고대한다. 밤에 많은 눈이 내리면 다음 날 길에 쌓인 눈을 치우기 위해 제설기가 필요하다. 날씨가 너무 추워서 이내 눈이 얼음이 된다. 그리고 사람들이 얼음에 뒤덮인 길에서 미끄러져 팔이나 다리를 부러뜨리는 일도 흔하다. 얼음에 덮인 길은 고향의 질퍽질퍽한 길보다 훨씬 더 위험하다. 폭설이 내리면 발이 젖는 것을 막기 위해 신발 위에 고무장화를 덧신는다. 그렇지 않으면 영락없이 감기에 걸리고 말 것이다. 이곳에선 정말 아프고 싶지 않다. 아픈 나를 보살펴 달라고 부탁할 친구나 친척이 한 명도 없기 때문이다. 나는 내 건강을 지키기 위해 최선을 다해 노력한다.

새로 내린 눈의 밝은 흰빛 외에도 이곳의 겨울은 오직 하나의 다른 색깔을 빚어낸다. 그것은 우울한 회색이다. 파란 잔디는 사라지고, 나무는 잎을 다 떨어뜨렸다. 마치 대지로부터 모든 생명력을 다 쥐어짜낸 것만 같다. 어느 날, 가을의 끝자락 모든 잎이 다 떨어졌지만 아직 겨울의 혹독한 추위는 찾아오지 않았을 때, 나는 잎을 모두 떨군 나무들이 쭉 늘어서 있는 것을 내다보았다. 그러자 애잔함이 마음속을 가득 채웠다. 나무도 동물처럼 살아 있는 존재이고 미래를 준비할 필요가 있다는 사실을 깊이 이해했다. 얼마 전까지만 해도 그 나무들은 줄지어 선 집들에 서늘한 그늘을 드리웠지만 이제 잎을 모두 떨어뜨린 채 근엄하게 서 있다. 그리고 또 다른 긴 겨울을 견딜 준비를 한다. 나무들의 앙상한 가지는 잿빛 하늘에 두드러진 문양을 아로새긴다. 얼마 전까지는 무성한 잎들로 가려졌던 바로 그 하늘이다.

얼음같이 찬 겨울은 어리고, 여리고, 불안한 모든 것에게 가혹하다. 살아남기 위해서는 젊음의 불확실성을 넘어 성장해야 한다. 성숙함과 결연함이 필요하다. 나무가 용기있고 단단하게 겨울에 대비하는 모습을 보는 것은 고난을 통해 배운 가르침에 감사하는 데 도움이 된다. 나는 리의 시에 대해 생각했다. 그리고 몸서리를 쳤다. 조국은 지독한 폭풍을 뚫고 나아가려고 한다. 탐욕을 채우기 위해 무력에 의존하는 이 억압 체제는 너무도 많은 불의를 낳았다. 불만은 커졌고 많은 사람이 민족해방전선에 가입하였다. 이 폭발적인 상황을 만든 책임은 정부에 있다. 프랑스와의 조약이 통과된 지 아홉 달이 지났고 뭔가 더 나은 것을 위한 기회는 사라졌다. 폭풍은 금방이라도 시작될 것이다. 모래 속에 머리를 감출 수 없다. 우리는 반드시 나무들 같아야 한다. 우리는 모든 차이와 불확실성을 없애고 폭풍에 맞설 준비를 해야 한다. 언제까지나 청년의 순진무구함에 매달려 그대로 있을 수 없다. 우리는 다가오는 시험에 대비해 스스로를 강하게 만들어야만 한다.

나무에 대한 가을의 성찰이 끝난 뒤 몹시 생생한 두 개의 꿈을 꾸었다. 그날 밤 나는 감기에 걸렸다. 감기약을 먹었지만 나아지지 않아서 스티브에게 빅스 베이포럽Vicks VapoRub(기침 감기를 억제하는 연고)을 바르고 숟가락으로 등을 문질러 달라고 했다. 빅스 베이포럽은 미국판 호랑이 연고였다. 나는 스티브에게 등이 선홍색으로 변할 때까지 중국산 도자기 숟가락으로 등을 세

차게 문지르는 법을 알려주었다. 그것은 베트남에서 흔한 마사지법이다. 스티브의 숟가락 마사지 덕분에 등의 한기가 가셨다. 그리고 한결 기분이 나아졌다.

스티브는 숟가락 마사지가 좀 이상한 풍습이라고 생각했다. 이곳에서는 그 누구도 환자의 등을 멍들이며 병을 치료한다는 생각을 하지 않는다. 나는 감기약을 하나 더 먹고 담요를 덮었다. 침대 옆 탁자에 빅스 베이포럽 한 병과 물 한 주전자를 두고 이내 잠이 들었다.

첫 번째 꿈에서 한 젊은 남자가 크고 텅 빈 방의 출입문에 서 있었다. 그는 내게서 5~6미터쯤 떨어져 있었다. 나는 그가 누구인지 확신할 수 없었지만, 내게 매우 소중한 사람이라고 짐작했다. 나는 그가 매우 어려운 상황이고, 나의 보호가 필요하다는 것도 알았다. 그 꿈에 대해 생각하는 지금도 여전히 그 젊은 남자가 누구인지 모르겠다. 홍? 짜우? 프엉? 뚜에? 또안? 아마도 친구 모두를 다 합친 누구였을지도 모르겠다. 그런 다음 괴물같이 흉측한 짐승이 그 방으로 들어왔다. 그리고 거대한 손이 젊은 남자를 낚아채려고 다가왔다. 괴물은 그 남자를 죽일 듯했다. 거인이 너무 멀리 있어서 나는 그를 제지할 수가 없었다. 마치 두 발이 바닥에 딱 달라붙은 듯 마비되었다. 이윽고 그 젊은이를 보호하려는 본능이 발동했다. 그리고 나는 온 힘을 다해 괴물을 향해 무거운 물건을 던졌다. 하지만 괴물은 아주 날쌔게, 내가 던진 것을 잡았다. 나는 내가 작은 톱을 던졌다는 사실을 알고 경악했다. 뜻하지 않게 나는 그 거인에게 내 형제를 공격할 치명적인 무기를 준 셈이었다. 거인은 마치 내 고통을 비웃기라도 하듯 웃었다. 그런 다음 그는 톱질을 하여 그 젊은이를 두 동강냈다. 그것은 마치 어린 바나나 나무를 자르는 것만큼이나 쉬웠다. 나는 큰 슬픔의 심연에 빠졌고, 이내 잠에서 깼다. 머리가 돌처럼 무거웠다.

한동안 있다가 다시 잠이 들었다. 그리고 두 번째 꿈을 꾸었다. 나는 책상과 의자가 빼곡한 커다란 방에 서 있었다. 그리고 구리로 된 아주 작은 거북이를 발견했다. 그것은 베트남 시골 마을 사람들이 제단 위에 초를 놓을 때 쓰는 것과 똑같이 생겼다. 그 거북이가 무엇을 위한 것인지 알지 못했지만 소중함과 성스러움을 느꼈다. 나는 그 거북이가 죽을 만큼 아프다는 것 그리고 왠지 그의 죽음이 나의 죽음과 연결되어 있다는 것을 알 수 있었다. 거북이가 걱정스러워 호랑이 연고를 찾아 등에 조금 바르고 문질러주었다. 나는 정성스럽게 거북이 껍데기에 숟가락 마사지를 하기 시작했다. 하지만 거북이는 공포에 질려 울기 시작했다. 내 노력이 상황을 더 악화시킬 뿐이라는 걸 깨달았다. 가까이서 살펴보니 거북이 껍데기에 가느다란 금이 가 있었다. 호랑이 연고는 거북이 껍데기를 뚫고 들어가 그 부드러운 살갗과 장기를 화끈거리게 만들었다. 거북이는 죽어 갔다. 공포에 질린 나는 연고를 닦을 수건을 찾았다. 하지만 이미 너무 늦었다. 이상하고 비밀스러운 목소리가 내 마음속에서 거북이가 죽었다고 말했다. 절박함을 느끼며 나는 기도를 하기 위해 무릎을 꿇었다. 그러나 누구에게 기도를 해야 할지 알지 못했다. 내 영혼을 잠식하는 '희망 없음'에 응답할 수 있는 유일한 길은 무릎을 꿇는 일이었다. 거북이 사체는 마치 어떤 감추어진 힘이 거북이를 쥐어짜듯 몸서리를 치더니 사방으로 물줄기를 뿜어내며 터져버렸다. 한 줄기의 물이 곧장 나에게 쏟아졌다. 나는 펄쩍 뛰며 피했고 그 물은 바닥에 떨어졌다. 물은 작은 단추 같은 물건으로 바뀌어 팽이처럼 돌기 시작했다. 그 물건이 돌기를 멈추었을 때 나는 그것이 네 개의 흰 꽃잎이 달린 한 송이 꽃임을 보았다.

그런 다음 장면이 바뀌었다. 나는 시체들이 흩어져 있는 길옆에 서 있었다. 남자들이 커다란 트럭 뒤로 시체들을 힘껏 던졌는데 그 힘이 하도 세서 시체 가운데 많은 수가 두 동강이 났다. 시체는 마치 도자기로 만들어진 것 같았다. 트럭은 엔진의 회전 속도를 올리더니 붉은 먼지 더미 속에 나만 혼자 남겨둔 채 재빨리 떠났다. 그 순간 나는 잠이 깼고 심장이 고동쳤다. 고통으로 몸이 마비될 것만 같았다. 가까스로 손을 들어 이마를 가볍게 두드렸고, 미소를 지으려고 애를 썼다. 하지만 내 방은 이 꿈들의 끔찍한 분위기로 뒤덮여 있었다. 이마, 베개 그리고 잠옷으로 입는 셔츠가 온통 땀범벅이었다. 다시 잠을 자려고 애쓰지 않고 촛불을 켰다. 등불의 빛이 너무 강해서 눈이 부셨다. 팔다리를 주물러 피가 돌게 했다. 그리고 마음속에서 그 꿈들을 되새겨 보았다. 무엇이 그런 끔찍한 악몽을 낳았는지 상상할 수 없었다.

며칠 뒤 몇몇 친구에게 이 꿈에 대해서 이야기했다. 고든은 여러 가지 심리학적 설명을 제시했지만, 그 어떤 것도 내가 느끼는 것과 들어맞지 않았다. 그 꿈들은 아마도 요즈음 내 모든 불안의 표현이었을 것이다. 아니면 단지 바이러스가 일으킨 환영이었거나 약에 대한 반응이었을지도 모르겠다. 그 꿈들이 무엇을 의미했든 혹은 의미하지 않았든 나는 왠지 리가 쓴 글과 관계가 있을 것이라고 느꼈다. 파괴의 격랑이 몰아칠 때, 나는 친구들과 함께 그것을 맞닥뜨리기 위해 고국에 있고 싶다. 내가 돌아갈 때 "하늘이 갈갈이 찢겨 있"고 나는 내가 사랑하는 이들을 오직 "내 마음 깊은 곳에서"만 찾을 수 있는 일은 결단코 없기를.

지난 늦여름 메드퍼드의 아름다운 숲과 호수를 떠나 뉴욕으로 돌아가기 전, 프린스턴을 찾을 수 있는 날이 이틀밖에 없었다. 나는 뉴욕의 고층건물과 부산함 사이에서 결코 편안함을 느끼지 못한다. 하지만 그곳에는 언제나 가볼 만한 좋은 강연이나 전시가 있다. 그리고 콘서트와 도서관, 미술관과 고고학 박물관이 많다.

뉴욕에 대한 내 첫인상은 이상하고 편치 않은 만남이었다. 고든은 자신의 커다란 차로 나를 프린스턴에서 뉴욕까지 태워다 주었다. 컬럼비아에 있는 새로운 방에 짐을 풀어놓고 몇 가지 필요한 것을 사러 시내로 걸어갔다. 우리가 암스테르담 애비뉴를 따라 걷고 있을 때 마흔쯤 되어 보이는 세련된 옷차림의 남자가 우리를 향해 달려왔다. 시끄럽고 지나치게 낮익은 목소리로, 과장되게 친한 척하면서 그는 내게 물었다. "그 옷은 대체 뭔가요? 당신은 불교 승려 같은 사람이요?"

고든이 나를 위해 대답했다. "네, 그렇습니다. 맞습니다."

그러자 그 남자는 더 시끄럽고 건방진 말투로 내게 어디에서 왔는지 물었다. 나는 "베트남"이라고 대답했다. 하지만 그는 그 말을 못 들은 것 같았다. 그러고는 "불자들은 예수를 믿습니까?"라고 물었다.

나는 "네"라고 대답했다.

그는 놀라며 설명해 달라고 했다. 나는 건물이 빽빽하게 둘러싼 인도 한가운데에 그렇게 서 있는 것이 불편했다. 그곳은 그런 토론을 하기에 적당한 장소는 아니었다.

고든은 "그가 말한 것이 맞아요"라고 말하며 나를 구해주었다.

그 남자는 고든을 무시하고 나에게 직접 말했다. "미국에서 사람들은 하고 싶은 말을 뭐든지 다하고는 그것을 예수 그리스도의 말이라고 갖다 붙입니다. 그들은 고작 몇 달러를 벌겠다고 신을 팝니다." 그러고는 방금 자기가 한 말에 대해서 장황한 설명을 늘어놓았다.

나는 그에게 물었다. "당신은 어떤 길을 따르시나요?"

그는 생각을 하려고 멈춰서더니, 지갑을 꺼냈다. 그러고는

"이것이 내 종교요"라고 말했다. 교회 신자 카드를 보여주려나 생각했지만, 그는 1달러 지폐 뭉치를 들고는 "이게 바로 내가 따르는 길이요"라고 말했다. 그의 종교는 돈이었다! 고든과 나는 격렬하게 웃어서 눈물이 났다. 그런 다음 그 괴짜 친구에게 작별 인사를 했다.

나는 이렇게 말했다. "그의 정직함은 높이 사야 해요. 다른 사람들은 오직 생각만 하는 것을 그는 소리 높여 말했어요. 고든, 알다시피 그는 내가 만난 최초의 뉴요커랍니다."

우리는 색이 바랜 내 승복을 다시 염색해줄 수 있는지 알아보려고 세탁소에 들렀다. 그런데 비용이 너무 비싸서 망설여졌다. 그러자 주인이 말했다. "몇 주 있으면 그 옷을 내다 버리고 서양식 옷을 입기 시작할 거예요. 사람들은 늘 자기 나라 민속 의상을 입고 여기에 오지만 금방 미국식 옷을 입기 시작한답니다." 나는 공손하게 이것은 민속 의상이 아니고 승복이라고 설명했다. 그리고 나는 미국에 막 도착한 것이 아니라고도 말했다. 우리는 그에게 감사 인사를 하고 자리를 떠났다.

그날 저녁 암스테르담 애비뉴에 있는 베트남 식당에서 함께 저녁식사를 하자고 고든을 설득했다. 그곳은 베트남 음식을 파는 뉴욕의 유일한 식당이었다. 프린스턴에 있을 때, 신문에서 그 식당 광고를 보고 주소를 적어두었다. 그 식당을 찾기 위해 121번가를 지나야 했다. 식당에 들어가 보니 손님이 하나도 없었다. 서빙을 하는 두 명의 베트남 학생이 탁자에 앉아 이야기를 나누고 있었다. 그들은 우리를 보자 벌떡 일어나서 구석에 있는 탁자로 안내했다. 그들은 아마 삶의 대부분을 타국에서 살았을 것이었다. 왜냐하면 그 둘 중에 누구도 내가 스님인 것을 알지 못했다. 소녀는 베트남어를 유창하게 했고, 내게 캄보디아에서 왔는지 물었다. 나는 미소를 지으며 아니라고 머리를 가로저었다. 고든도 미소를 지었다. 우리는 몇 가지 음식을 주문했다. 그리고 두 젊은이에게 그 식당에 대해서 말해달라고 부탁했다.

식사를 마치고 떠날 때, 그들에게 내가 그들의 고국에서 온 스님이라고 말해주었다. 그들은 무척 기뻐하며 자기네 가족들도 불자라고 했다. 이후 식당 주인인 란 부인이 그곳을 문화 시설로 꾸미길 원한다는 것을 알게 되었다. 음식과 예술 작품, 음악 그리고 종업원들과의 상호 작용은 베트남에 대한 손님들의 이해와 인식을 높이는 데 도움이 될 것이다. 종업원들은 베트남어, 영어 그리고 불어를 할 줄 알았다. 그리고 음식부터 정치에 이르는 것들에 대해 잘 알고 함께 대화할 수 있었다. 내가 그날 만났던 젊은 남자 종업원은 독일어도 유창하게 했다. 뉴욕에서 보낸 첫날에 대한 잊지 못할 기억이다.

이 가을에 다시 돌아왔을 때, 나는 도시의 삶에 익숙해져 있었다. 비록 메드퍼드 숲에서의 나날들이 너무 빨리 끝나버렸지만 말이다! 나는 현재 컬럼비아에서 연구와 교육 조교를 맡고 있다. 일주일에 다섯 시간 동안 가르친다. 그리고 학생들을 만나고 그들의 연구를 돕기 위해 사무실에서 일하기도 한다. 그 대가로 한 달에 350달러를 받는다. 그 돈으로 상대적으로 '부유해'진다. 제자 가운데 두 사람인 데이비드와 스티브와 좋은 친구가 되었다. 스티브와는 처음 만난 순간부터 서로를 이해했다. 그는 아파트를 함께 쓰자고 제안했고, 나는 동의했다. 데이비드는 자주 찾아왔고 우리와 함께 식사를 하곤 했다. 우리는 대개 여러 주제에 대해 토론했고, 우리의 작은 아파트에는 유쾌한 분위기 속에서 늦게까지 불이 밝혀져 있었다.

스티브는 이번 학기에 나를 따라 오직 채식만 하기로 했다. 나는 그것이 그를 약하게 하거나 피곤하게 만드는지 물었는데, 그는 그렇지 않다고 했다. 그는 "도리어 나는 훨씬 더 좋다고 느껴요!"라고 말했다. 우리는 언제나 집에서 식사를 한다. 하루에 두 번 젓가락을 써서 밥을 먹는데, 스티브는 젓가락질을 꽤 잘한다. 어느 해 여름 일본에서 살았기 때문이다.

나는 홍이나 뚜에 만큼이나 스티브가 가깝게 느껴진다. 스티브는 나랑 키가 똑같다 — 미국인치고는 꽤 작은 편이다 — 그리고 밝은 밤색 머리카락에 뺨이 약간 날카롭다. 그의 눈도 밤색인데 예술가의 섬세한 성품을 엿볼 수 있다. 그는 동양 철학을 좋아하고 중국어를 포함하여 몇 개의 아시아학 코스를 듣고 있다. 그가 한자 쓰는 것을 보고 있으면 감동스럽다.

스티브는 삶의 어려움에 대해 내게 고백한다. 그리고 나는 도움이 되기를 바라면서 내 생각을 말해준다. 그는 앉아서 열심히 듣다가 때때로 눈썹을 찡그린다. 어떨 때는 갈등이 일어나기도 한다. 그것은 사물을 바라보는 스티브의 서양식 방식 그리고 동양식이 아니고서는 나 자신을 표현할 길이 없는 내 무능력 때문이다. 하지만 그것은 그저 자연스러운 일이다. 내 생각에 스티브는 체부 교수의 "동양으로 가라. 하지만 서양에 머물러라"라는 충고에 영향을 받은 것 같다. 나의 질문은 이것이다. 만일 서양에 머문다면 어떻게 진정 동양으로 갈 수 있는가?

한 달에 아파트 월세로 150달러를 낸다. 그 아파트에는 침실, 서재 그리고 거실과 욕실, 주방이 있다. 주소는 웨스트 109번가 306번지이고, 우리는 5층에 산다. 그 집에는 거리를 내려다볼 수 있는 커다란 창 두 개가 있다. 하늘을 보기 위해서는 창문 밖으로 몸을 기대야만 한다. 스티브가 모든 가구와 접시, 주방용품을 가져왔다. 그래서 나는 아무것도 걱정할 필요가 없었다. 아버지가 명망 있는 기술학교의 학과장이어서, 스티브는 지적으로 뛰어났지만 과학이나 기술에는 관심이 없었다. 그의 어머니가 한두 주 전에 그를 만나러 찾아왔다. 어머니는 맛있는 음식을 많이 가져왔다.

나는 요리를 하고 설거지를 한다. 스티브는 쇼핑과 청소를 한다. 스티브가 학교에서 많은 시간을 보내기에 내가 주부 역할을 떠맡는 것이 더 수월하다. 나는 일주일에 몇 시간만 캠퍼스에 있으면 된다. 그리고 집에서 연구 과제를 하는 것을 더 좋아한다. 조용한 우리 아파트에서 일하는 게 효율적이다. 스티브는 도서관에서 내가 필요로 하는 책을 무엇이든 기꺼이 가져다준다. 내 도서관 카드로 2주 동안 한 번에 수십 권의 책을 빌릴 수 있다. 스티브를 위해서 요리하는 것은 즐거운 일이다. 그는 내가 만든 모든 요리를 칭찬한다. 스티브가 남은 삶 동안 채식주의자로 살 수 있고 그것에 싫증을 내지 않으리라는 생각이 든다. 그리고 나는 그를 위해 영원히 요리할 수 있고, 결코 내 노력이 헛되었다고 느끼지 않을 것이다.

처음에 스티브는 적당한 재료를 어떻게 사야 할지 몰랐다. 나는 그를 아시아 시장에 몇 번 데리고 갔다. 그리고 거기서 무엇을 사야 할지를 보여주었다. 표고버섯, 두부, 무, 절인 배추 그리고 다른 독특한 아시아 식재료들이었다. 그는 브로드웨이에 있는 작은 채소 가게 가운데 한 곳에서 신선한 채소를 사고, 우리는 10파운드 봉지에 담긴 질 좋은 쌀을 파는 가게도 찾았다. 미국인들은 대부분 작은 판지 상자에 든 쌀을 산다. 수업이 일찍 끝난 날이면 스티브는 집에 오는 길에 장을 본다. 두 봉지의 식료품이 우리 아파트의 커다란 냉장고를 채운다. 우리 주방은 현대적이고 매우 깨끗하다. 스티브는 주방 청소를 거의 매일 한다. 가스레인지는 쓰기에 편리하다. 나는 매일 아침 일찍 일어나 아침을 준비한다. 스티브는 늦게 자고 늦게 일어난다. 그래서 집을 나서기 전에 아침을 간단히 먹을 시간도 거의 없다. 어떤 날 아침에는 그와 함께 학교에 가지만, 나는 11시면 집에 돌아오고, 스티브는 12시 30분에 허기가 진 채 집으로 온다. 우리는 점심상에 함께 앉는다. 나는 언제나 점심과 저녁으로 충분할 만큼 요리를 한다. 그래서 저녁 식사 준비는 남은 음식을 데우는 것으로 족하다.

나는 오후 내내 집에 있는 것을 더 좋아한다. 읽고 쓰고 강의 준비를 한다. 그리고 편지에 답장을 한다. 가끔 데이비드가 스티브와 함께 아파트에 온다. 그리고 우리는 거실에서 저녁을 함께 먹는다. — 조용히, 평화롭게 — 내가 설거지를 하는 동안 스티브와 데이비드는 계속 이야기를 나눈다. 설거지를 하며 나는 편안함을 느낀다. 따뜻한 물은 마음을 달래준다. 가끔은 비누 거품으로 장난을 하기도 하고 동요를 흥얼거리기까지 한다. 가스레인지를 깨끗이 닦고 물건들을 치운다. 그런 다음 뜨거운 물로 샤워를 하고 옷을 갈아입고는 스티브와 데이비드에게 간다. 그런 날 저녁은 매우 즐겁다. 스티브는 나의 성품을 이해한다. 그리고 전등을 끄고 더 부드러운 빛을 위해 촛불을 밝힌다. 우리는 그다지 많은 말을 하지 않는다. 대개는 그냥 거기 앉아 있다. 우리 각자는 자신의 성찰을 즐긴다. 데이비드는 종종 늦게까지 머문다. 내가 상냥하게 시간을 알려줄 때에야 비로소 집을 나선다. 어떤 날은 두 젊은이가 온종일 나가 있기도 한다. 그러면 나 혼자 저녁을 먹는다.

스티브는 베트남의 상황에 대한 내 설명을 귀 기울여 듣는 배려 깊은 친구다. 만일 가능하다면 그는 언젠가 베트남을 방문하고 싶어 한다. 우리는 그가 프엉보이에 와서 머무는 것에 대한 이야기도 나누었다. 나는 프엉보이에 대한 우리의 사랑을 말했다. 그리고 프엉보이가 어떻게 우리 가슴속에서 결코 꺼질 수 없는 하나의 불꽃과 같은지, 우리의 희망과 꿈을 키워주는 영적인 자양분인지에 대해 이야기를 나누었다. 아마 나는 과장했을 것이다. 하지만 내가 프엉보이에 대해 말을 할 때면 스티브의 눈빛은 늘 반짝였다. 그는 베트남어를 배우겠다고 단단히 결심했다. 그리고 나는 그에게 몇몇 구절을 가르치기 시작했다. 스티브는 언어에 대해 열정이 있어서 이제 막 불어 공부를 시작했는데도 벌써 불어로 시를 쓴다. 아시안 시장에서 그는 중국어로 말하는 것을 시도해 본다. 이미 그는 기본적인 대화를 나눌 수 있다. 스티브는 베트남으로 돌아가 '마을'을 만들려고 하는 내 생각을 지지한다. 그곳은 우리 대부분이 진정한 우정을 바탕으로 공동체를 이루고 함께 살 수 있는 곳이다.

스티브는 온갖 힘든 일을 다 챙겼다. 그는 내가 감기에 쉽게 걸리는 것을 잘 안다. 그래서 심부름을 모두 다 자신이 하겠다고 했다. 내가 감기나 독감에 걸리면 그는 내 등에 숟가락 마사지를 해주고, 그러면 그의 힘센 손이 곧 한기를 사라지게 한다. 내가 낫지 않으면 그는 쿠쉬맨 박사를 부른다.

스티브는 부모님과 사이가 좋지 않다. 지난여름에 그는 일본 여성을 만났고, 그 이후로 편지를 주고받고 있다. 그녀는 이번 봄에 그를 찾아오기로 약속했다. 스티브의 가족은 그가 휴일에 집에 와야 한다고 했다. 하지만 스티브는 여기 프린스턴에서 나와 함께 있기를 원했다. 그는 내가 뉴욕을 떠나기 이틀 전에 집으로 가는 비행기를 탔다. 109번가에 있는 우리 아파트는 이제 춥고 텅 비어 있다. 등불과 난방은 모두 꺼져 있다. 그리고 나는 여기 프린스턴의 익숙한 품에서 앉아 있다. 땅거미가 진다. 그리고 눈이 계속 내린다. 나는 사피르를 찾으러 갈 것이다. 우리는 뜨거운 음식을 함께 요리하고, 캠퍼스 센터에 있는 TV로 7시 뉴스를 볼 수 있다.

1962. 12. 23.

뉴저지, 프린스턴

오늘 나는 30통이 넘는 편지를 받았다. 뉴욕에서 이곳으로 전해진 것들이었다. 베트남에서 온 것은 후에 두옹이 보낸 카드와 프엉의 편지뿐이었다. 나머지는 미국 친구들이 보낸 크리스마스 카드였다. 미국 사람들은 크리스마스 카드를 보내는 데꽤 많은 돈을 쓴다. 집집마다 카드를 보낼 친구들의 목록이 있다. 수백 장의 카드를 사서 각각 서명한 다음, 그것을 봉투에 넣는다. 그런 다음 하나하나 주소를 쓰고 우표를 붙인다. 만일딱 열 명의 친구에게만 카드를 보낸다면 한 사람 한 사람을 생각하며 특별한 카드를 고를 시간이 있다. 심지어 열 개의 짧은글을 쓸 시간도 있다. 하지만 수백 명의 친구와 지인에게 보낸다면 이야기는 달라진다. 똑같은 카드를 커다란 박스째 산 다음 조립라인 방식으로 일일이 서명을 하고 주소를 써야 한다.

가장 중요한 것은 절대 그 누구도 잊어버리지 않아야 한다는 점이다. 몇 년 지나면 그 목록은 달라진다. 한 친구는 죽고 어떤 친구는 좋지 못한 행동을 한다. 그래서 '외교적인 관계들'이 끊어진다. 새로운 친구들이 목록에 추가된다. 어떤 미국인은 내가 프린스턴에서 혼자 휴일을 보내니 틀림없이 슬플 거라고 짐작하지만, 전혀 슬프지 않다. 나는 자기 가족을 방문해달라는 몇몇 초대를 거절해야 했고, 덕분에 이 시간을 나를 위해 소중히 간직할 수 있었다. 여기는 매우 평화롭고 편안하다. 나는 노숙인과, 난방이 되지 않는 곳에서 지내는 사람들, 축하할 일이 거의 없는 사람들을 생각한다.

베트남 전쟁이 확전되고 있다. 고국의 사람들은 궁지에 몰렸다. 우리는 이미 너무 많은 것을 잃었고, 나라는 화염에 휩싸인 채 두 동강이 났다. 프엉보이조차도 안개 속으로 사라졌다. 하지만 서로가 있는 한 우리는 결코 혼자일 수 없다. 우리는 버림받은 사람들과 함께 서기를 원한다. 나는 다른 사람들이 가끔씩이라도 고통을 겪는 사람들을 생각하기를 바란다. 그들을 동정하는 것이 아니라 그들에 대해 생각했으면 하는 것이다. 고통받는 사람들은 동정을 바라지 않는다. 그들은 사랑과 존중을 원한다.

미국에서는 크리스마스 무렵 많은 기관들이 어려움에 처한 사람들에게 기부를 한다. 사람들은 얼굴 한 번 본 적 없는 고아, 미망인 그리고 가난한 사람들에게 성금을 보낸다. 하지만 다른 사람의 고통을 이해하기 위해서는 직접적인 만남이 필요하다. 오직 이해만이 사랑에 이른다. 이 무렵 가난한 이들에게 많은 돈과 여러 가지 물건들이 나누어진다. 하지만 이런 선물은 대개 사랑이 아니라 동정의 산물이다. 한 기관이 가난한 어린이들에게 수천 켤레의 신발을 나누어준다. 신발 한 켤레를 위해 몇 달러를 기부한 수많은 사람들이 실제로 아이가 신발을 받을 때 그 얼굴에 어리는 행복을 상상할지, 그리고 심지어 아이를 위해서 사는 신발을 생각해 보는지도 의심스럽다.

작년 이맘때 나는 켄지와 함께 쇼핑을 갔다. 켄지는 젊은 일본 학생이다. 가게들은 크리스마스이브를 보내는 마지막 쇼핑객들로 가득 찼다. 모든 사람이 바삐 움직였고, 크리스마스를 함께 보내기 위해 제때 집에 도착하는 것이 그들의 관심사였다. 켄지와 나는 일주일간 먹기에 충분할 만큼의 음식을 사야 했다. 이곳 가게들 대부분이 크리스마스부터 새해 첫날까지 문을 닫기 때문이다. 크리스마스이브에 젊은 두 아시아인이 식료품 쇼핑을 하는 모습은 몇몇 사람의 동정심을 불러일으켰다. 한 여성 분은 우리를 돕기 위해 자기가 할 수 있는 일이 있는지 물었다. 우리는 그녀에게 고맙다고 말하고 행복한 크리스마스를 빌어주었다. 계산대의 밝고 명랑한 여직원은 우리를 따뜻하게 바라보며 기쁜 크리스마스를 기원했다. 모든 사람이 우리가 외롭다고 지레짐작했다. 크리스마스였지만 우리는 집에서 너무 멀리 떨어져 있었다. 하지만 우리 둘 다 기독교인이 아니었기에, 우리를 외롭게 만들 지난 크리스마스의 따뜻한 기억은 없었다.

사이공에서는 소나무 가지, 크리스마스 카드, 금빛 리본 그리고 다른 크리스마스 장식품들이 그 계절을 알린다. 우리는 프엉보이에서도 크리스마스 트리를 장식하느라 늦게까지 깨어 크리스마스이브를 맞고 축하했다. 하지만 우리는 기독교인 친구들처럼 깊은 느낌을 경험하진 못했다. 아마도 우리가 예수를 위대한 스승으로서 존경하지만, 신으로 보진 않기 때문인 것 같다. 부처님의 경우도 마찬가지다. 우리는 그를 위대한 스승으로서 존경한다. 하지만 그를 신으로서 숭배하지는 않았기 때문이었던 것 같다. 베트남 사람들이 가장 열광하는 휴일은 설날이다.

그럼에도 프린스턴에 크리스마스이브가 왔을 때, 우리는 브라운 홀이 적막하다고 느꼈다. 날씨는 춥고 눈은 내리지 않았다. 그래서 우리는 시내를 걷기로 했다. 텅 빈 거리를 따라 걸었다. 모든 집과 가게의 문이 굳게 닫혀 있었다. 왠지, 그것은 내게 고국에서의 섣달 그믐날의 느낌을 불러일으켰고, 향수를 느끼게 만들었다. 우리는 조금 우울해져서 캠퍼스 센터로 돌아왔다. 그리고 차를 마시고, 이야기를 나눈 다음 TV를 보았다. 우리를 둘러싼 환경이 감정에 얼마나 많은 영향을 미치는지 생각하니 흥미롭다. 기쁨과 슬픔, 호감과 혐오는 우리를 둘러싼 환경에 의해 영향을 많이 받는다. 종종 환경이 우리 삶을 온통 지배할 정도이다. 우리는 그저 "일반 사람들"의 느낌에 동조하고 더 이상 자신의 진정한 열망이 무엇인지 알지 못한다. 우리는 전적으로 사회에 의해 만들어져서 정작 자신에게는 이방인이 된다. 프엉보이에 있는 친구들은 늘 사회적으로 길들여진 순응에 맞섰고 세상의 틀에 저항했다. 자연스럽게 우리는 안팎으로 반대에 부딪혔다. 때때로 두 개의 상반된 자아, 즉 사회가 강요하는 '거짓 자아'와 내가 '진정한 자아'라고 부르는 것 사이에 갇혀 있다고 느낀다. 우리는 얼마나 자주 그 둘을 헷갈리고, 사회가 강요한 틀을 진정한 자아라고 추정하는가. 두 자아 사이의 싸움이 평화로운 화해에 이르는 경우는 드물고, 마음은 전쟁터가 된다. 거기에 우리의 다섯 가지 존재의 집합체인 형상, 느낌, 지각, 정신적 형성 그리고 의식이 허리케인의 잔해처럼 흩어져 있다. 나무는 넘어지고, 가지는 부러지고, 집은 무너졌다. 우리는 지금 가장 외롭지만, 폭풍우 끝에서 살아남을 때마다 조금씩 성장한다. 이와 같은 폭풍우가 없었다면 나는 오늘의 나일 수 없다. 하지만 폭풍우가 가까이 다가오기 전에는 폭풍이 오고 있는 소리를 듣지 못한다. 그것은 마치 비단 슬리퍼를 조용히 밟는 것처럼 아무런 경고도 없이 나타난다. 나는 그 폭풍이 오랫동안 태동해 왔고, 내 생각과 정신적 형성 안에서 은근히 심화되어 왔음을 안다. 하지만 그런 광란의 허리케인이 닥칠 때는 바깥에 있는 그 어떤 것도 나를 도울 수 없다. 나는 심하게 맞고 찢겼고, 그리고 구원받았다.

지난 가을에 그와 같은 폭풍우 하나가 지나갔다. 폭풍우는 10월에 시작되었다. 처음에 그것은 지나가는 구름 같았지만 몇 시간 뒤 내 몸이 연기가 되어 둥실 떠가는 것을 느꼈다. 나는 구름의 희미한 조각이 되었다. 나는 언제나 내 자신이 견고한 실체라고 생각했다. 그런데 갑자기 내가 전혀 견고하지 않음을 보았다. 이것은 철학이 아니다. 심지어 깨달음의 경험도 아니다. 그것은 그저 전적으로 평범한 보통의 인상이다. 나는 내가 '나'라고 여기던 실체가 사실은 허구라는 것을 보았다. 나는 나의 참된 본성은 훨씬 더 진정한 것이라는 사실을 깨달았다. 그것은 내가 상상하는 것보다 더 추하고 더 아름다웠다.

그 느낌은 10월 1일 밤 11시 직전에 시작되었다. 나는 버틀러 도서관 11층을 둘러보고 있었고, 도서관 문 닫을 시간이 다가오고 있었다. 그리고 내 연구 분야와 관련이 있는 책 한 권을 보았다. 책장에서 그 책을 뽑아 두 손에 들었다. 책은 크고 무거웠다. 그 책은 1892년에 출판되었다. 그리고 같은 해에 컬럼비아 대학교에 기증되었다. 책의 뒤표지에는 종잇조각 하나가 붙어 있었는데 거기에는 책을 빌린 사람의 이름과 도서관 밖으로 책을 대출해 간 날짜가 기록되어 있었다. 그 책을 제일 처음 대출한 해는 1915년이었다. 두 번째 해는 1932년이었다. 내가 세 번째 대출자가 될 참이었다. 당신은 상상할 수 있겠는가? 나는 1962년 10월 1일에 세 번째 대출자였다. 70년 동안 단지 다른 두 사람만이 내가 지금 서 있는 똑같은 지점에 서 있었다. 그리고 책꽂이에서 그 책을 꺼내고 대출하기로 마음을 먹었다. 나는 그 두 사람을 만나고 싶은 열망에 사로잡혔다. 왠지 알 수 없지만, 나는 그들을 껴안아주고 싶었다. 하지만 그들을 사라져버렸다. 나도 역시 곧 사라질 것이다. 같은 직선 위에 있는 두 점은 결코 만나지 않을 것이다. 나는 그 두 사람을 공간 속에서는 만날 수 있었다. 하지만 시간 속에서는 만날 수 없다.

　나는 그 책을 들고 몇 분 동안 조용히 서 있었다. 그리고 그 저께 안톤 체부 교수가 베트남 불교를 어떻게 연구할 것인지에 대해 토론하던 중 한 말이 생각났다. 그는 나에게 아직 젊다고 말했지만, 나는 그 말을 믿지 않았다. 나는 내가 오랫동안 살아왔고 삶의 아주 많은 것을 보아온 것만 같다. 나는 서른여섯이 다 되었고, 이는 젊은 나이가 아니다. 하지만 그날 밤, 버틀러 도서관의 책더미 한가운데에 서 있는 동안 나는 내가 젊은 것도 늙은 것도 아니고, 존재하는 것도 존재하지 않는 것도 아니라는 것을 보았다. 친구들은 내가 아이처럼 장난스럽고 짓궂다는 것을 안다. 나는 농담을 즐기며 인생이라는 놀이에 온전히 들어가는 것을 좋아한다. 나는 화가 나는 것이 어떤 것인지도 안다. 그리고 칭찬받는 즐거움을 안다. 종종 눈물이나 웃음이 터질 것 같다. 하지만 이 모든 감정 아래에는 다른 어떤 것이 있는가? 그것에 어떻게 접촉할 수 있는가? 거기에 아무것도 없는데, 왜 나는 거기 무엇이 있다고 그토록 확신하는가?

　여전히 그 책을 들고서 통찰의 희미한 빛을 느꼈다. 나는 나에게 이상, 희망, 관점과 충성심이 없음을 알았다. 나는 다른 사람들과 지켜야 할 약속도 없다. 그 순간 다른 실체들 사이에 있는 실체로서의 나 자신이라는 느낌이 사라졌다. 나는 이 통찰이 실망이나 절망, 두려움, 욕망 또는 무명에서 생겨난 것이 아님을 알았다. 장막이 고요히 걷혔다. 그것이 다다. 만일 당신이 나를 때리고 내게 돌을 던진다면 또는 내게 소리를 지른다면, '나'라고 여겼던 그 모든 것이 해체될 것이다. 그때 거기 실제로 있는 것이 그 자신을 드러낼 것이다. 그것은 연기처럼 희미하고, 텅 빈 것처럼 붙잡기 어렵다. 하지만 연기도 아니고 텅 빈 것도 아니다. 추한 것도 추하지 않은 것도, 아름다운 것도 아름답지 않은 것도 아니다. 그것은 화면 위에 있는 그림자와도 같다. 그 순간 마침내 '돌아왔다'는 깊은 느낌이 있었다. 내 옷, 내 신발, 심지어 내 존재의 본질조차 사라져버렸다. 그리고 나는 풀잎 위에 멈춘 메뚜기처럼 평온하다. 메뚜기같이, 신성함에 대한 그 어떤 생각도 없었다. 메뚜기의 신들은 형태, 소리, 냄새, 맛, 촉감 그리고 마음의 대상을 인지한다. 그들은 늘어나고 줄어드는 것, 더럽고 깨끗한 것, 나고 멸하는 것을 안다. 풀잎 위에 앉은 메뚜기는 그 어떤 분리나 저항 또는 비난도 하지 않는다. 아이들은 날개와 배가 고추처럼 빨간 잠자리를 더 좋아한다. 하지만 녹색 메뚜기는 초록 잎과 완전히 섞인다. 그래서 아이들은 메뚜기를 잘 알아보지 못한다. 그것은 멀어지지도 않고, 손짓도 하지 않는다. 철학이나 이상에 대해서는 아무것도 모른다. 그저 그 평범한 삶에 감사한다. 풀밭을 가로질러 단숨에 가거라, 나의 친구여. 그리고 어제의 아이에게 인사하라. 내가 보이지 않을 때, 네 자신이 돌아올 것이다. 너의 마음이 절망으로 가득 차 있을 때조차도, 너는 같은 풀잎 위에 있는 같은 메뚜기를 발견할 것이다.

스티브는 보스턴에서 며칠 동안 지내기 위해 떠났다. 그리고 나 혼자 아파트에 머물렀다. 나는 마치 기도하는 것처럼 밤낮으로 문을 활짝 열어두었다. 내가 겪은 일은 행복한 것도 슬픈 것도 아니었다. 어떤 삶의 딜레마는 공부나 이성적인 생각으로 풀리지 않는다. 우리는 그저 그것들과 함께 살고, 그것들과 함께 고군분투하고, 그것들과 하나가 된다. 그런 딜레마는 지성의 영역에 있지 않다. 그것은 우리의 느낌과 의지에서 온다. 그리고 우리의 잠재의식, 우리의 몸을 뚫고 우리 골수에 사무친다. 나는 전쟁터가 되었다. 폭풍우가 끝날 때까지 내가 살아남을 것인지를 알 수 없었다. 육신의 삶이라는 의미에서가 아니라 핵심 자아라는 더 깊은 의미에서 말이다. 나는 파괴에 파괴를 거듭 경험했다. 그리고 내가 사랑하는 사람들의 존재에 대한 지독한 그리움을 느꼈다. 만일 그들이 있다면 그들을 쫓아내거나 내가 달아나야 할 수도 있음을 알고 있지만.

마침내 폭풍우가 지나가자, 내면의 단단한 층들이 부서져 있었다. 황폐해진 전쟁터에서 지평선 사이로 몇 가닥 햇살이 비추었다. 하지만 내 지친 영혼에 따사로움을 주기에는 너무 약했다. 나는 상처투성이였지만, 혼자라는 짜릿한 떨림을 경험했다. 그 누구도 나의 새로운 모습에서 그것이 나임을 알아보지 못할 것이다. 나와 가까웠던 그 누구도 그것이 나임을 알지 못할 것이다. 친구들은 그들이 아는 익숙한 모습으로 당신이 나타나기를 바란다. 그들은 당신이 똑같이 남아주기를 바란다. 하지만 그것은 불가능하다. 만약 우리가 변하지 않는다면 어떻게 계속 살 수 있겠는가? 살기 위해서 우리는 매 순간 죽어야만 한다. 우리는 삶을 가능하게 만든 폭풍우 속에서 거듭거듭 소멸되어야 한다. 만일 모든 사람이 그들의 생각 안에서 나를 내보낸다면 그게 차라리 더 낫다고 생각했다. 나는 인간이면서 동시에 사랑과 미움, 짜증과 헌신의 변치 않는 대상일 수는 없다. 나는 계속해서 성장해야만 한다. 어렸을 때 어머니가 나를 위해 바느질해준 옷보다 나는 언제나 더 자라서 그 옷이 맞지 않았다. 향기로운 그 옷들을 아이의 천진함과 엄마가 베풀어준 사랑으로 내 기억의 가방에 간직한다. 하지만 나는 이미 만들어진 사회의 옷을 그냥 받아들이는 것이 아니라 지금의 나에게 맞는 다른 새 옷이 필요하다. 나 자신을 위해 만든 옷은 세련되지 않을 수도 있다. 어쩌면 받아들여지지 않을 수도 있다. 하지만 그것은 단순한 옷의 문제 그 이상이다. 그것은 한 사람으로서 내가 누구인지에 대한 질문이다. 나는 다른 사람들이 나를 판단하기 위해서 사용하는 척도를 거부한다. 비록 여론의 반대에 부딪히더라도 나는 나 자신이 발견한 나만의 잣대를 가지고 있다. 나는 바로 나여야 한다. 내가 막 깨고 나온 그 껍질로 다시 돌아갈 순 없다. 이것은 나에게 지독한 외로움의 근원이다. 가장 친한 친구들을 설득하여 우주를 항해하는 나의 여정에 함께하자고 할 수도 있겠지만, 그들에게는 그것이 현기증 나는 일일지도 모른다. 또 어쩌면 증오나 분노 같은 감정을 부추길지도 모른다. 우정이라는 이름으로 그들은 내게 지구로 돌아갈 것을, 환상에 불과한 낡은 희망과 욕망 그리고 가치관으로 돌아갈 것을 강요할 수 있을까? 그것이 우리 모두에게 도대체 무슨 도움이 된단 말인가?

그래서 나는 친구들이 머물던 오두막을 태워버리고 싶다. 나는 그들이 자신들을 가두는 껍질을 깨고 나오는 것을 돕기 위해 혼란을 일으키고 싶다. 그들을 묶고 있는 사슬을 내동댕이치고, 그들을 억누르는 신들을 넘어뜨리고 싶다. 성장하기 위해서는 사소한 즐거움이나 심지어 슬픔조차도 우리를 지배해선 안 된다. 자유로운 사람은 삶의 규칙에 매달리지도 않고, 그것을 거스르지도 않는다. 인생에서 가장 영광스러운 순간은 친구가 돌아오는 것을 목격하는 것, 정확히 말하면 돌아오는 것이 아니라 마지막 피난처의 전멸로 생겨난 혼란에서 벗어나는 무한히 아름다운 그 순간을 보는 것이다. 천 번의 삶의 단단한 껍질에서 해방된 그가 불타는 피난처가 뿜어내는 영롱한 빛 가운데 고귀하게 서 있다. 그 순간 그는 모든 것을 잃을 것이다. 하지만 그 순간 그는 모든 것을 소유한다. 그 순간부터 우리는 서로를 위해 진정으로 현존한다.

힘겹게 나아가는 동안 나는 대화를 할 수 없었다. 스티브가 돌아온 뒤에도 마찬가지였다. 나는 오직 가까스로 몸을 쓰는 일만 할 수 있었다. 스티브는 내가 뭔가 평범하지 않은 일을 겪고 있다는 것을 알아차렸고, 나를 방해하지 않기 위해 매우 조심했다. 그 시간 동안 그가 얼마나 섬세했는지를 생각하면 커다란 애정이 마음속 깊이 차오른다. 그는 대화로 나를 이끌려고 하지 않았다. 오직 꼭 필요한 것만을 소통했다. 때때로 나는 그가 나를 바라보고 있다는 것을 알았다. 그의 눈은 근심으로 가득 차 있었다. 그는 내가 거실을 혼자 쓸 수 있도록 침실에서 시간을 보냈다. 그는 정말 이해심이 많았다. 어느 일요일 아침 그에게 강으로 산책을 가자고 제안했다. 우리는 이른 오후까지 풀밭 위에 앉아 있었다. 그런 다음 걸어서 집으로 돌아왔다. 그 시간 내내 우리는 한 마디도 나누지 않았다. 아파트에 돌아와서 스티브가 부드러운 목소리로 물었다. "피곤하세요, 타이?" 나는 그렇지 않다고 하며 그에게 감사했다.

젊음은 진리를 찾기 위한 시간이다. 여러 해 전 일기에 이렇게 썼다. "설령 너를 파괴할지라도 너는 진리를 품고 있어야 한다"라고. 진리를 찾는 것과 행복을 찾는 것이 같지 않다는 것을 일찍부터 알고 있다. 당신은 진리를 보기를 염원하지만, 그것을 보면 고통을 피할 수 없다. 그렇지 않다면 아무것도 못 본 것이다. 당신은 여전히 다른 사람들이 임의로 만든 관습에 인질로 잡혀 있다. 사람들은 자신의 것이 아닌 기준에 바탕을 두고 자신과 서로를 판단한다. 사실 그런 기준은 대중의 생각과 일반적인 견해에서 빌려온 희망사항일 뿐이다. 어떤 것은 좋다고 어떤 것은 나쁘다고, 어느 것은 고결하고 어느 것은 사악하다고, 어떤 것은 참이고 어떤 것은 거짓이라고 판단한다. 하지만 그런 판단에 이르는 데 쓰인 척도는 당신 자신의 것이 아니다. 그것은 진리가 아니다. 진리는 빌릴 수 있는 것이 아니다. 그것은 오직 직접 경험해야 할 뿐이며, 탐색과 고통 그리고 정신과 현실 사이의 직접적인 조우의 열매이다. 그것은 현재 순간의 실재 그리고 천 번의 삶의 실재이다. 각각의 사람에게 진리는 다르다. 그리고 오늘의 진리는 어제의 진리와 다르다.

직접적인 경험을 통해 어떤 것이 오늘의 진실이라고 발견한다면 우리는 전에 우리가 가졌던 추정이 잘못되었음을, 아니면 최소한 불완전함을 보게 된다. 우리가 바라보는 새로운 방식은 어제의 욕망, 선입견, 편협함 그리고 습관을 초월한다. 우리는 어제에 갇힌 이해의 금빛 틀과 에메랄드빛 잣대를 쓰는 것이 노예나 투옥과 다름없다는 것을 안다. 우리가 현실에 대한 새로운 이해에 도달하면 거짓인 줄 알고 있는 것을 받아들이기는 불가능하다. 우리의 행위는 우리 자신의 이해에 바탕을 둘 것이다. 그리고 우리는 오직 우리의 직접적인 경험으로 검증된 규칙을 따를 것이다. 현재 사회 질서의 잘못된 규칙과 통념을 버릴 것이다. 우리는 사회가 우리에게 복수를 하기 위해 달려들 것이라는 예측을 해야 한다. 인간의 역사는 그런 복수로 야기된 비극들로 가득 차 있다. 역사는 체제에 맞서면 죽는다는 것을 가르친다. 하지만 수많은 사람들이 계속해서 어둠에 도전한다. 그렇게 하는 것이 아무리 위험하다고 할지라도 말이다.

진리를 추구하는 사람들은 시공간을 넘나들며 진리를 찾고 개혁하는 자들의 공동체에 속한다. 그들은 그 어떤 월계관도 주지 않는 집단적인 운명에 굴복하지 않는다. 폭풍우가 지나간 뒤 나타난 희미한 빛줄기는 나를 더욱 외롭고 버려진 것처럼 느끼게 만든다. 나는 이미 사형에 처해질 줄을 알고 있는 아이를 낳으려고 하는 여인의 참을 수 없는 고통을 느꼈다. 그녀는 절망에 사로잡혔고, 슬픔을 가눌 길 없을 뿐만 아니라 굴욕감을 느꼈다. 그녀는 자기가 그 아이와 함께 있지만, 아이는 이미 죽음을 선고받았다. 또 아이의 죽음을 지켜봐야만 하다는 것도 안다. 그녀는 운명을 거부할 길이 없다. 그녀는 왜 다른 어머니들처럼 건강하고 사랑스러운 아이, 희망과 자랑, 기쁨을 선사할 아이, 다른 사람들의 칭송을 받을 그런 아이를 낳지 못했을까? 하지만 우리는 진리를 위해서 일어서야 한다. 한번 진리를 본 다음에는 그저 낡은 돌처럼 이끼를 모으거나 거짓된 자아를 취할 수가 없다.

보석과 비단에 둘러싸인 화려한 삶을 꿈꾸던 가난한 젊은 여인이 있었다. 그녀는 부유한 홀아비를 만나 결혼을 했고 꿈을 이루었다. 그녀는 자기 남편이 사랑 때문에 결혼하지 않은 것을 아랑곳하지 않았다. 남편은 그녀가 첫 번째 부인과 똑같이 생겨서 결혼했다. 그녀는 첫 번째 부인처럼 옷을 입고, 행동하고, 말하는 것에 동의했다. 처음에는 별 문제가 아니었지만, 그 것은 점점 그녀를 억압했다. 그녀는 그녀 자신이었지만, 남편의 첫 번째 부인처럼 행동해야 했다. 첫 번째 부인이 좋아하던 색깔의 옷을 입고, 좋아하던 책을 읽고, 좋아하던 음식을 먹어야만 했다. 그녀는 숨이 막혀 더 이상 계속할 수가 없었다. 그녀는 남편이 첫 번째 부인의 옷과 성격을 걸쳐둔 마네킹과 다를 바가 없었다. 하지만 그녀는 익숙해진 호사를 포기할 용기가 없었다. 그녀는 자신의 욕망에 갇혀 있었다.

이 이야기를 읽는 사람은 누구나 그녀가 남편을 떠날 용기를 내고, 진정한 자아를 되찾을 수 있는 시골 생활로 돌아가기를 바랄 것이다. 우리는 '만일 내가 그 상황이라면 나는 바로 그렇게 할 것'이라고 생각한다. 하지만 우리는 관찰자에 지나지 않는다. 해결은 쉬워 보인다. 그러나 만일 우리가 실제로 그녀와 같은 상황에 처한다면, 똑같은 혼란과 우유부단함으로 고통을 겪을 것이다. 우리 가운데 그 누가 그러지 않을 수 있겠는가? 우리는 이미 똑같은 일을 한다. 우리는 인간성을 말살시키는 사회의 요구에 순응하도록 강요받는다. 머리를 숙이고 순종한다. 사회가 명령하는 대로 먹고, 말하고, 생각하고, 행동한다. 그녀가 자기 자신일 수 있는 자유가 없었던 것처럼, 우리도 우리 자신일 수 있는 자유가 없다. 우리는 체계 안의 톱니와 같다. 상품일 뿐 인간이 아니다. 우리의 개별성은 침식된다. 그런데도 우리는 순종한다. 사회의 요구를 거절할 용기가 없기 때문이다. 우리는 그 남자의 부인과 다르지 않다. 우리도 우리 삶의 방식에 아주 익숙해져 버렸다. 우리가 종속된 그 삶의 편리함, 편안함에 말이다.

어느 날 그녀는 첫 번째 부인이 바람을 피웠다는 사실을 알게 된다. 그녀는 남편이 정신을 차리고 이제라도 그녀가 자기 자신으로 살 수 있게 해주기를 바라며 남편에게 이 사실을 알린다. 하지만 그는 그녀에게 첫 번째 부인의 외도를 알고 있었고, 그 이유로 첫 번째 아내를 살해했다고 말한다. 하지만 그는 아내를 죽이고도 화를 잠재우지 못했다. 그는 첫 번째 부인과 감쪽같이 닮은 그녀를 보고, 그녀와 결혼했다. 그리고 첫 번째 부인처럼 옷을 입고 행동하라고 요구했다. 마침내 그녀가 그의 첫 번째 부인이 되었다. 그러자 그는 다시 그녀를 죽일 수 있게 되었다. 그가 그녀에게 돌진했고, 그녀는 살기 위해 싸웠다.

나는 그녀가 살았는지 죽었는지 알지 못한다. 끝나지 않은 채로 이 이야기를 남겨둔다. 만일 그녀가 죽지 않았다면 분명히 지금 우리처럼, 가장자리 가까이에 갔을 것이다. 나는 인류가 그녀처럼 저항할 극단의 순간까지 가지 말고 제때 깨어나기를 바란다.

어느 날 아침 나는 하늘이 좀 밝아졌다고 느꼈다. 고향에서 보내온 생일 카드를 받았다. 카드는 내 생일에 정확히 도착했다. 그것은 내가 다시 태어났다고 느낀 그날이었다. 뚜에는 카드에 쭈부가 남긴 시 세 줄을 옮겨 적었다.

> 황량한 사막을 걷고 있노라니
> 곰 한 마리가 불시에 나를 덮치네.
> 나는 그저 그의 눈을 바라보네.

　나는 생각했다. 야수의 눈을 똑바로 바라보았고, 그것을 있는 그대로 보았다. 나는 죽음의 얼굴을 직면했던 치명적인 병에서 막 회복한 사람과 같았다. 옷을 입고 밖으로 걸어나가 브로드웨이를 산책했다. 수많은 날들의 어둠이 지나고 떠오른 아침 태양은 목이 말랐다. 폭풍우의 바람이 마침내 흩어졌다.

생일이 지나고 이틀 뒤 나는 어머니를 위한 기도를 드리기 위해 불교 사원에 갔다. 10월 보름이었고 어머니의 제삿날이었다. 그날은 미국에 불교가 전파된 지 70주년이 되는 날로, 이를 기념하기 위해 3일간 열리는 축제의 첫날이기도 했다. 비록 대부분 일본에서 온 사람들이긴 했지만, 여러 나라를 대표하여 2백여 명의 사람들이 모였다. 큰 절 — 그 안식처는 안쫭 사원의 대웅전만 한 크기였다 — 은 아니었지만, 그 사원에는 '미국 불교 아카데미'라는 걸출한 이름이 붙어 있었다. 그곳에선 불교 철학 코스와 수행은 물론, 일본어와 다도 그리고 꽃꽂이 수업도 열렸다. 그곳은 일본 정토종의 절이었는데, 선임 법사인 호젠 세키와, 델라웨어 대학교의 교수였던 필립스 박사가 돌보고 있었다.

미국에는 대략 8만 명의 불자들이 있는데, 중국과 일본 사람들이 대부분이다. 워싱턴 D.C.의 정토종 본사에서 최근 계를 받은 70명의 성직자들은 모두 일본인이었고, 그들은 미국 전역에 살았다. 그들 가운데 어떤 이는 미국 대학에서 일본어와 일본 문학을 가르치고 있다.

미국에는 54개의 크고 작은 정토종 사원이 있는데, 뉴욕의 사원은 워싱턴의 사원보다 작다. 기념행사에서 샛노란 승복을 입은 두 명의 상좌부 스님을 만났다. 코네티컷에서 오신 아누룻다 스님과 매사추세츠에서 오신 비니타 스님이었다. 스리랑카 대사인 수산타 데 폰세카 씨도 거기 있었다.

나는 아파트를 나와 331 리버사이드 드라이브에 있는 사원까지 다섯 블록을 천천히 걸었다. 그리고 법회 시간에 딱 맞춰 도착했다. 그 법회는 그다지 고무적이지 않았다. 미국에 불교의 씨앗을 심는 데 그런 법회는 효과적이지 않다. 정토종은 외부의 근원으로 보이는 것에서 구원 찾기를 강조한다. 이 접근은 유럽인과 미국인에게 익숙하다. 서구 교회에는 기독교가 전하는 구원의 말을 퍼뜨리기 위한 수많은 신학교와 유능한 성직자가 있다. 서양의 교회처럼 보이기 위한 정토종의 노력이 내게는 미국인이 진정으로 필요로 하는 것에 대한 이해가 부족하다는 인상을 주었다. 미국인들은 독립성에 높은 가치를 둔다. 아이들을 독립적으로 자립할 수 있도록 기른다. 개인을 바로 세우고, 발달시키고, 깨우치게 하기 위해 선禪과 같이 자기 노력과 자아실현을 강조하는 불교의 접근법이 미국인의 정신에 더 잘 맞는 것 같다. 기독교와 정토종은 신성의 개입 없이 구원을 성취하기에는 인간이 너무 나약하다고 생각하는 듯하다. 사실 이곳에서 선은 많은 관심을 끌고 있다. 스즈키 다이세쓰 교수鈴木大拙(1870~1966, 일본의 저명한 불교학자이자 저술가로 서양에 선禪을 전파한 가장 중요한 인물 가운데 한 사람)의 목소리는 이 나라 전역에 울림을 주었다. 정신없이 바쁘게 돌아가는 사회에 사는 사람들은 끝없이 계속되는 계획과 생각에 지쳐 있고, 선과 같은 길이 주는 고요와 자기 만족에 목말라 있다.

미국인들은 일본 음식을 먹고, 고토箏(중국의 쟁에서 유래한 일본의 전통 현악기로 한국의 가야금과 비슷함) 음악을 듣고, 다도에 참여하고, 꽃꽂이 하는 것을 좋아한다. 법회가 끝난 뒤 고토 음악회가 있었다. 고토 연주는 지루한 법회를 보상하고도 남음이 있었다. 나는 법회 동안 조금 산만해 보이던 두 미국인 사이에 앉아 있었는데, 그들도 그 음악을 즐겼다.

나 역시 그 음악이 좋았다. 연주자의 이름은 키미오 에토衛藤公雄(1924~2012, 일본의 저명한 고토 연주자. 고토 음악을 대중화하기 위해 1950년대에 미국으로 건너갔고 필라델피아 오케스트라와 협연하여 명성을 얻음)였는데, 그는 친절하고 숨김 없는 표정의 서른 살 안팎으로 보이는 젊은 남자였다. 검정 기모노를 입은 그는 젊은 남자의 세심한 안내를 받으며 천천히 무대에 올랐다. 나는 그의 시력이 나쁜지 궁금했다. 세키 법사가 그를 소개하자 에토는 천천히 자리에 앉아 조용히 미소를 지었다. 그의 존재에 깊은 감동을 받았다. 그는 결코 관중을 바라보지 않고 하얀 천이 드리운 단상에 시선을 고정했다. 그의 미소는 고요하고 평온했다. 나는 그와 같은 미소가 이 나라에서 가능할 줄은 상상도 못 했다.

그는 불교 전파 70년을 기리기 위해 그의 연주를 자비의 상징인 관세음보살님께 바치고 싶다고 말했다. 그러고는 '7'이라는 숫자가 자신에게 의미가 깊다고 했다. 아버지가 7년 전에 돌아가셨고, 어머니가 일곱 달 전에 돌아가셨다고 했다. 그의 눈에 눈물이 가득 고였고, 고요한 얼굴에는 감동이 어려 있었다. 나는 그의 얼굴에서 믿음, 기억 그리고 슬픔의 가닥을 발견했다. 그는 자작곡을 연주했다. 첫 번째 곡은 〈희망의 노래〉라고 했다. 가락에 구슬픈 동경이 어려 있었지만, 견뎌냄 그리고 앞으로 나아가려는 의지도 표현하였다. 두 번째 곡인 〈가을바람〉에는 사랑하는 사람에 대한 기억의 향기가 어려 있었다. 그리고 세 번째 곡인 〈믿음의 언어〉는 자비의 길에 대한 헌신을 표현했다. 각각의 곡 다음에는 긴 침묵이 뒤따랐고, 그동안 관객들은 숨죽인 채, 그저 고요한 미소를 머금은 젊은 연주자를 바라볼 뿐이었다. 세 번째 곡을 마치고 그는 자신이 앞을 보지 못한다는 말을 했다. 모두들 감동을 받은 듯했고, 나도 온몸으로 감동을 느꼈다. 아무도 그가 앞을 보지 못한다고 짐작하지 못했다.

울고 싶었다. 몇 곡이 더 남았지만, 나는 일어나 자리를 떠났다. 세 곡의 아름다운 연주로 충분했다. 다소 우울한 기분으로 리버사이드 드라이브를 따라 천천히 걸었다. 나는 여전히 키미오 에토의 미소를 마음속에서 볼 수 있었다. 그것은 놀랍도록 고요했다. 큰 고통을 겪지 않은 사람은 그런 미소를 지을 수 없다. 나는 그를 처음 보았을 때 왜 그의 미소가 나를 깊이 휘저었는지를 이해했다.

리버사이드 드라이브에는 아무도 없었다. 텅 빈 밤 거리를 혼자 걷지 말라던 친구들의 경고가 떠올랐다. 지구상의 모든 도시가 그렇듯 뉴욕 또한 그 몫의 범죄가 있다. 나는 108번가를 가로질러 브로드웨이로 돌아왔다. 그때 달이 모습을 드러냈다. 달은 부처님의 연꽃 얼굴처럼 둥글었다. 그것은 높이 솟은 고층건물로 액자 모양이 된 한 조각 하늘에서 마법처럼 나타났다. 마치 달과 내가 같은 방향으로 함께 여행하고 있는 것 같았다.

10월의 보름달. 어머니가 나와 함께 있었다. 달이 지평선 위로 처음 모습을 드러냈을 때, 어머니가 나를 따라 사원까지 가셨음을 믿게 되었다. 법문 뒤 이어진 키미오 에토의 음악을 듣고 있을 때, 달은 사원의 지붕 위를 비추었다. 그리고 지금 그 달은 나를 따라 집으로 왔다. 어머니는 6년 전 10월 보름에 돌아가셨다. 한밤의 달은 어머니의 사랑만큼이나 보드랍고 경이로웠다. 어머니가 돌아가시고 처음 4년 동안 나는 스스로 고아라고 생각했다. 그러다가 어느 날 밤 어머니가 꿈속에 나타났다. 그 순간 이후로 나는 더이상 어머니의 죽음을 상실이라고 느끼지 않는다. 어머니는 결코 죽지 않았으며, 나의 슬픔은 환상에 기인한다고 이해한다. 내가 여전히 베트남 중부 산악지대에 살고 있던 4월의 어느 날 밤 꿈에 어머니가 나타났다. 어머니는 늘 똑같은 모습이었다. 그리고 나는 아무런 슬픔의 기미도 없이 아주 자연스럽게 어머니와 이야기를 나누었다. 그 전에도 어머니 꿈을 여러 번 꾸었다. 하지만 그 꿈들은 내게 그날 밤 꾼 꿈과 같은 영향을 미치진 않았다.

꿈에서 깨어나자 마음이 평화로웠다. 나는 어머니의 태어남과 죽음이 개념일 뿐, 진실이 아니라는 것을 깨달았다. 어머니의 실상은 태어남과 죽음 너머에 있다. 어머니는 태어남 때문에 존재하신 것이 아니고, 죽음 때문에 존재하기를 멈추신 것이 아니다. 나는 존재와 존재하지 않음이 분리될 수 없음을 보았다. 존재는 오직 존재하지 않음과의 관계 속에만 있다. 그리고 존재하지 않음은 오직 존재와의 관계 속에만 있다. 그 어느 것도 존재하기를 멈출 수 없다. 어떤 것이 무에서 생겨날 수는 없다. 이것은 철학이 아니다. 나는 오직 진실을 말하고 있을 뿐이다.

그날 밤 1시쯤 잠이 깼고 슬픔은 사라졌다. 나는 어머니를 잃어버렸다는 것이 단지 하나의 생각일 뿐이었음을 보았다. 꿈속에서 어머니를 볼 수 있었기에, 나는 어머니를 그 어디에서나 볼 수 있다는 사실을 깨달았다. 부드러운 달빛이 흘러넘치는 뜰로 걸어 나갔을 때, 나는 그 빛을 어머니의 존재로 경험했다. 이것은 그저 생각에 그치는 것이 아니다. 나는 정말로 모든 곳에서, 언제나 내 어머니를 볼 수 있다.

8월 여전히 포모나에 있으면서, 나는《당신 주머니 속의 장미A Rose for Your Pocket》라는 제목의 작은 책을 썼다. 고국의 젊은 이들에게 어머니가 계시다는 것의 기적을 알리기 위한 것이었다. 글을 쓰는 동안, 새들이 숲에서 지저귀고 있었다. 그 글을 니엔에게 보내고 난 뒤에야 비로소 나는 내가 새로운 시각으로 글을 쓰고 있다는 것을 깨달았다. 그것은 타이 탄뚜에게 보내는 편지에서 묘사한 방식이었다. 베트남 문학을 가르칠 때면 언제나 리 왕조의 선사 틱만짝의 이 시를 언급한다.

봄이 갔을 때
거기 어떤 꽃도 남아 있지 않다고
말하지 마라.
바로 어젯밤 앞뜰에
한겨울 매화 한 가지 꽃이 피었네.

나는 언제나 이 시의 느낌을 찬탄했지만, 그날 밤이 되어서야 비로소 틱만짝 스님 시의 진정한 의미를 온전히 이해했다. 그때 나는 어두운 겨울밤 매화 가지에 꽃이 피는 것을 자각하는 것처럼 사물의 진정한 경이로움을 보기 시작했다.

우리 시대에 옛것과 새것 사이의 싸움이 정점에 이를 것이다. 그것은 아직 끝나지 않았고 우리는 이 싸움의 상흔을 가슴속에 지니고 있다. 현대 철학자들이 던지는 질문은 우리를 막막하고 불안하게 만든다. 혼란스러운 마음은 존재 자체가 무의미하다고, 심지어 불합리하다고 말하며, 이것은 어두워진 우리마음에 또 하나의 검은 장막을 드리운다. "존재는 진저리가 난다. 인간은 역겹다. 그 누구도 선하기를 바랄 수 없다. 삶을 아름답게 할 그 어떤 길도 없다."

그런 사고에 빠져 있는 동안에도 사람들은 우리가 원하는 사람이 될 자유가 있다는 환상에 집착한다. 하지만 대부분의 경우 우리는 그저 가슴속에 아로새겨진 상처에 반응하거나 우리의 집단적인 업보에 따라 행동한다. 자신의 진정한 자아에 귀기울이는 사람은 거의 없다. 하지만 우리가 우리 자신이 아닐때, 우리가 가지고 있다고 생각하는 그 어떤 자유도 환상이다. 때때로 우리는 자유가 두려워 그것을 거부한다. 우리의 진정한 자아는 이끼와 벽돌이 켜켜이 쌓인 층 아래 묻혀 있다. 우리는 이것을 깨뜨리고 해방되어야 하지만 그것이 우리를 깨뜨릴지도 모른다고 두려워한다. 우리는 거듭거듭 이끼와 벽돌이 켜켜이 쌓인 층이 우리의 진정한 모습이 아니라는 것을 기억해야한다.

그 사실을 깨달으면, 당신은 모든 현상, 모든 다르마^{dharma}(모든 사물)를 새로운 눈으로 보게 될 것이다. 자기 자신을 깊이 바라보고 당신의 몸이 얼마나 기적인지를 보는 것에서 시작하라.

당신의 몸을 경멸과 무시로 바라볼 그 어떤 이유도 없다. 당신 가장 가까이에 있는 그것을 무시하지 마라. 우리는 몸을 소중히 여기지 않는다. 심지어 저주한다. 당신의 눈을 생각해 보라. 어떻게 눈처럼 경이로운 것을 당연하다고 여길 수 있는가? 하지만 우리는 그렇게 한다. 경이로움을 깊이 바라보지 않고 무시한다. 그리고 그 결과 그것들을 잃어버린다. 마치 눈이 존재하지 않는 것처럼. 눈이 멀게 될 때에야 비로소 그것이 얼마나 소중했는지를 깨닫는다. 하지만 그때는 너무 늦다. 눈이 멀었다가 시력을 다시 되찾은 사람은 눈의 소중함을 이해한다. 그 사람에게는 바로 지금 이 땅에서 행복하게 살 수 있는 능력이 있다. 모양과 색깔이 있는 세상은 매일 행복한 기쁨을 주는 기적이다. 이런 깨달음을 얻게 되면, 우리는 파란 하늘과 흰 구름을 보며 미소 짓게 된다. 세상은 계속해서 그 새로움과 찬란함을 드러낸다. 눈이 멀었다가 다시 시력을 되찾은 사람은 낙원이 바로 여기라는 사실을 안다. 하지만 오래지 않아 그는 다시금 그것을 당연하게 여길 것이다. 낙원은 아주 흔해 보이고, 몇 주 혹은 몇 달이 지나면 자신이 낙원 속에 있다는 깨달음을 잃고 만다. 하지만 '영적인 눈'이 열리면 모든 현상, 모든 것의 경이로움을 보는 능력을 결코 잃지 않는다.

내가 젊은 승려였을 때, 가장 큰 고통은 생노병사, 이루지 못한 꿈, 사랑하는 사람과의 헤어짐, 싫어하는 사람과의 만남이라고 배웠다. 하지만 인간의 진정한 고통은 현실을 바라보는 방식에 있다. 보라, 그러면 당신은 생노병사, 이루지 못한 꿈, 사랑하는 사람과의 이별, 싫어하는 사람과의 만남 또한 그것 자체로 경이로움이라는 사실을 알 수 있다. 그것은 모두 존재의 소중한 측면들이다. 그것이 없다면 존재는 불가능하다. 가장 중요한 것은 태어난 적도 없고 죽지도 않을 것임을 아는 사람처럼 미소를 지으면서 무상의 파도를 타는 법을 아는 것이다.

부처님은 이런 이야기를 들려주셨다. "어떤 남자가 개에게 돌을 던졌다. 미칠 것 같은 고통에 그 개는 돌에 대고 짖었다. 하지만 그 개는 고통의 원인이 돌이 아니라 그 남자라는 사실을 이해하지 못했다." 마찬가지로 우리는 형상, 소리, 냄새, 맛 그리고 촉감의 대상이 고통의 원인이라고 생각한다. 그리고 고통을 극복하기 위해 형상, 소리, 냄새, 맛 그리고 촉감을 모두 없애야만 한다고 믿는다. 하지만 형상, 소리, 냄새, 맛 그리고 촉감을 바라보고 사용하는 방식에 고통이 있음을 깨닫지 못한다. 왜냐하면 좁은 견해와 이기적인 욕망이라는 어두운 커튼을 통해서 현실을 바라보기 때문이다.

미국에 온 뒤 익숙한 베트남어에 대한 강렬한 그리움을 느낀다. 만일 2분만이라도 낯익은 그 소리를 들을 수 있다면 하루 종일 행복하리라고 생각할 때가 있다. 어느 날 아침 프엉이 전화를 걸어왔다. 그와 대화를 나누는 것이 몹시 자연스럽게 느껴졌다. 비록 오래 이야기를 나누진 않았지만 그날 내내 기분이 좋았다.

그 이후로 친구와 이야기를 나눌 때면 언제나 그들의 말과 목소리의 분위기에 온 신경을 기울이며 듣는다. 그들의 걱정, 꿈 그리고 희망을 듣는다. 상대방이 당신에게 말하려고 하는 모든 것을 다 이해할 수 있을 만큼 깊이 듣는 것은 쉬운 일이 아니다. 하지만 우리 모두 깊이 듣는 능력을 계발할 수 있다. 나는 더 이상 감각 앞을 지나가는 현상들에 무관심하지 않다. 잎새 하나, 아이의 음성, 이것들은 삶의 보물이다. 이 기적들이 전하는 메시지를 받아들이기 위해 깊이 보고 듣는다. 사랑하는 사람과의 이별, 실망, 불쾌한 것을 참지 못하는 것, 이 모든 것 또한 건설적이고 훌륭하다. 지금의 우리가 누구인가는 부분적으로 우리가 겪은 즐겁지 않은 경험의 결과이다. 깊이 들여다보면 다른 사람들과 나 자신의 나약함에 깃든 경이로운 요소들을 볼 수 있다. 이런 통찰의 꽃은 결코 시들지 않는다. 통찰력으로 우리는 태어남과 죽음의 세계와 열반의 세계가 같음을 본다. 어느 날 밤 앉아서 명상 수행을 하다가 "모든 부처의 일이 완전히 이루어졌다"라고 소리치고 싶은 충동을 느꼈다.

그 어떤 사건을 단순히 다행이나 불행, 좋거나 나쁘다고 판단하는 것은 불가능하다. 그것은 마치 농부와 말에 관한 옛날 이야기*와도 같다. 어떤 사건의 진정한 영향을 알기 위해서는 시간과 공간을 가로질러 여행해야만 한다. 모든 성공은 약간의 어려움을 포함하고, 모든 실패는 더 큰 지혜 또는 미래의 성공에 기여한다. 모든 사건은 행운이기도 하고 불행이기도

하다. 다행과 불행, 좋고 나쁜 것은 오직 우리의 지각 안에만 존재한다.

사람들은 선과 악을 언급하지 않고 도덕 체계를 세우는 것이 불가능하다고 생각한다. 하지만 구름은 떠다니고, 꽃들은 피어난다. 그리고 바람이 분다. 그것들에 선과 악을 구분해야 할 그 어떤 필요가 있겠는가? 구름과 꽃 그리고 바람처럼 사는 사람들이 있다. 그들은 도덕에 대해서 생각하지 않는다. 하지만 많은 이들은 그들의 행위와 말을 종교적이고 도덕적인 귀감으로 지목하며, 그들을 성자라고 칭송한다. 이 성자들은 그저 미소만 짓는다. 만일 그들이 무엇이 선이고 무엇이 악인지 모른다는 것을 밝힌다면, 사람들은 그들이 미쳤다고 생각할 것이다.

누가 진정한 시인인가? 진정한 시인이 매일 마시는 달콤한 이슬은 다른 사람에게 독이 될 수도 있다. 사물의 본성을 본 이에게 얇은 행위를 낳는다. 진정으로 본 사람들에게는 행위 철학이 필요하지 않다. 거기에는 그 어떤 얇도, 성취도, 성취의 대상도 없다. 삶은 그저 바람이 불듯이 구름이 떠다니듯이, 꽃들

- 어느 날 한 농부가 밭에 갔다. 그리고 그의 말이 도망간 것을 알았다. 마을 사람들은 그 농부에게 그것이 '불운'이라고 말했다. 다음 날 그 말이 다른 두 마리의 말과 함께 돌아왔다. 그러자 마을 사람들은 "그것은 행운이야!"라고 말했다. 이후 농부의 아들이 말에서 떨어져 다리가 부러졌다. 마을 사람들은 농부에게 불운이라고 했다. 곧이어 전쟁이 터졌고 마을 젊은이들은 모두 징집되었다. 하지만 농부의 아들은 다리가 부러진 까닭에 징집되지 않았다. 이제 마을 사람들은 그 농부에게 아들의 부러진 다리가 '행운'이라고 말했다.

이 피어나듯이 살아진다. 어떻게 날아가는지를 알 때 당신에게는 거리의 지도가 필요하지 않다. 당신의 언어는 구름과 바람 그리고 꽃들의 언어이다. 만일 철학적인 질문이 던져진다면 당신은 아마 시 한 수로 응답할 것이다. 그렇지 않으면 "아침을 드셨습니까? 그럼 그릇을 씻으시지요"라고 청할 것이다. 혹은 산 숲을 가리킬 것이다.

　　당신이 만일 나를 믿지 않는다면, 보세요.
　　가을이 왔습니다.
　　온갖 색깔의 흩어진 잎이 산 숲에 가득하네요.

　만일 그들이 여전히 보지 못한다면 당신은 진리를 이해하기 위해 개념을 이용하는 것을 멈추게 하기 위해 지팡이를 들어 그들을 내리칠지도 모른다. 만일 프엉보이에 이런 시인이 살고 있었다면 산 숲은 훨씬 더 빛났을 것이다.
　불교 경전에는 '장엄'이라고 번역되는 용어가 있다. 나는 리 왕조의 왕 후에통이 히엔꽝 선사에게 오두막을 떠나 궁전에 와서 머물라고 했던 초대가 생각난다. 히엔꽝 선사는 이미 수도에 사는 뛰어나고 고결한 선사들이 궁전을 '장엄'하는 것 그 이상을 했노라며 왕의 초대를 거절했다. 깨달은 사람의 존재는 무위의 길로 삶을 아름답게 한다. 무위의 길이 계획이나 프로그램과 무슨 관계가 있겠는가.

15분 뒤면 자정이 될 것이다. 크리스마스가 가까이 다가왔다. 나는 이 성스러운 시간에 깨어 일기를 쓰고 있다. 생각은 흘러간다. 그리고 그것들을 종이 위에 쏟아내는 일은 경이롭다. 나는 온 정신을 집중해서 보고 듣는 법을 알려준 영적인 경험에 대해 썼다. 그런 순간은 생에 오직 한 번뿐일지도 모른다. 그들은 진리의 사절로, 실상을 전달하는 자로 나타난다. 만일 우리에게 마음챙김이 없다면 그것을 알아차리지 못하고 그냥 스쳐지나갈 수 있다. 선사의 비결은 그런 순간들로 돌아가는 길을 발견하는 것이다. 그런 순간들이 생겨날 수 있도록 길을 닦는 법을 아는 것이다. 큰 스승들은 그 어디에서도 시작되지 않고 그 어떤 목적지도 없는 여정, 그 돌아옴의 여정을 훤히 비추기 위해 그 순간들의 눈부신 빛을 어떻게 이용할지를 안다. 꽉토아이의 시는 다알리아의 등장을 이렇게 그린다.

담장 옆에 고요히 서서
너는 경이로운 미소를 짓고 있구나.
나는 말을 잊었노라. 그리고 나의 감각은
시작도 없고 끝도 없는
네 아름다운 노랫소리로 가득 찼구나.
나는 너에게 깊이 고개 숙여 인사하노라.

당신은 보는가? 그 순간이 나타났다. 커튼이 잠시 열렸다. 그리고 그 시인은 볼 수 있었다. 다알리아는 너무 흔해서 사람들은 그것을 진정으로 보지 못한다. 당신이 그 영원한 노래를 들을 수 있을 때, 그 기적적인 미소를 볼 수 있을 때 그것은 더이상 평범한 꽃이 아니다. 그것은 우주에서 온 사절이다.

쭈부가 썼다.

> 꽃잎은 오직 네 요소로 이루어졌네.
> 하지만 그것은 영적인 향기를 뿜어내네.
> 당신의 눈은 오직 네 요소로 만들어졌네.
> 하지만 그것들은 사랑의 에너지를 퍼뜨리네.

쭈부는 갑작스러운 놀라움을 표현하고 있다. 그 순간은 섬광처럼 왔고 이내 사라졌다. 일생에 단 한 번 볼 수 있다는 것은 결코 작은 성취가 아니다. 한번 보았다면 영원히 볼 것이다. 문제는 당신에게 결의와 정진이 있는가이다. 오늘날 많은 젊은이가 낙담과 자기혐오의 감옥에 갇혀 있다고 느낀다. 그들은 현실을 무의미하게 여기고 자신들을 비루한 존재로 대한다. 내 가슴은 그들을 향해서 열린다. 절망에 사로잡혀 그들은 파괴적인 수단을 통해 해방을 찾는다. 만일 우리가 삶에 대한 어두운 관점의 근원을 밝히고 녹여낼 수 있다면 정말 좋겠다.

존재하지 않는 고통에 집착하여 자신의 지각을 오염시킨다면, 당신은 훨씬 더 큰 오해를 낳는다. 현실은 그 자체로 즐거운 것도 즐겁지 않은 것도 아니다. 그것은 오직 우리의 경험에 의해, 우리의 지각에 의해 즐겁거나 즐겁지 않은 것이 된다. 지진, 역병, 전쟁, 늙음, 병 그리고 죽음이 존재함을 부정하려는 것이 아니다. 하지만 그것들의 본성은 고통이 아니다. 우리는 이런 비극의 영향력을 제한할 수는 있지만 그것들을 없앨 수는 없다. 그것은 마치 어둠이 없이 빛을, 작은 것이 없이 큰 것을, 죽음이 없이 태어남을, 다수가 없이 하나를 갖기를 바라는 것과 같다. 이처럼 한쪽으로 치우친 지각은 고통의 세계를 만들어낸다. 우리는 자신이 그린 귀신을 보고 놀란 예술가와도 같다. 우리가 만든 것이 우리에게 실재가 된다. 그리고 심지어 우리를 사로잡는다.

11월 2일 밤을 나는 결코 잊지 못한다. 그날 밤에는 달도 없고, 구름도 없었다. 하늘은 별로 가득했다. 그 하나하나의 별은 아이의 눈처럼 밝았다. 사실 그것은 내 마음속의 하늘이었다. 그날 밤은 바람이 불고 비가 내렸다. 내 방 창문은 단단히 닫혀 있었다. 그리고 나는 잠을 이룰 수 없었다. 나는 본회퍼Bonhoeffer, Dietrich(1906~1945, 독일의 신학자)의 마지막 날들에 대한 글을 읽고 있었고, 우리들 저마다에 깃든 별이 빛나는 하늘에 눈을 떴다. 나는 기쁨의 소용돌이를 느꼈다. 그리고 내가 가능하다고 생각했던 것보다 훨씬 더 큰 고통도 견뎌낼 수 있으리라는 믿음이 생겼다. 본회퍼는 내 컵이 흘러넘치게 만든 한 방울의 물이었다. 그것은 긴 사슬의 마지막 고리였고, 익은 과일을 슬며시

밀어 뚝 떨어지게 만든 산들바람이었다. 그런 밤을 경험했기에 나는 결코 다시는 삶에 대해 불평하지 않을 것이다. 내 가슴은 사랑으로 흘러 넘쳤고, 내 안에서 용기와 강인함이 차올랐다. 나는 내 마음과 가슴을 꽃으로 보았다. 모든 느낌, 열정 그리고 고통이 경이롭게 드러났지만 나는 내 몸속에 단단히 뿌리내리고 있었다. 어떤 사람들은 그와 같은 경험을 '종교적'이라고 할지도 모르겠다. 하지만 내가 느낀 것은 전적으로 그리고 완전히 인간적이었다. 나는 그 순간 내 마음과 내 몸의 세포 바깥에는 그 어떤 깨달음도 없다는 것을 알았다. 삶은 심지어 고통 가운데에서도 기적이다. 고통이 없다면 삶이 가능하지 않다. 영원한 것은 없다. 그리고 분리된 자아도 없다. 무상도 없고, 무아도 없다. 우리가 삶을 깊이 볼 때, 거기에는 죽음이 없다. 그러므로 '영원히 지속되는 삶'이라는 말도 필요하지 않다.

그다음 달에 나는 《법화경》과 또 다른 《반야경》에서 보살이 설한 것에 대해 명상하였다. 이 존재들은 몹시 아름답다. 그 존재가 수많은 불국토를 어떻게 아름답게 하는지를 이해하는 것은 쉬운 일이다. 하지만 그 아름다움을 왜 불국토에만 가두어 두는가? 바로 여기 지구 위에 펼치면 어떨까? 보살의 존재는 지구를 불국토로 변화시키기에 충분하다. 이 지구가 불국토가 아니라고 누가 말할 수 있는가? 매해 설날 우리가 세우는 기둥(베트남에서는 설날 악을 물리치고 행운을 가져오기 위해 집 앞에 대나무 기둥을 세우는 풍습이 있음)은 바로 이 지구가 불국토라는 깨달음을 보여준다.

때때로 상불경보살常不輕菩薩이나 지지보살持地菩薩처럼 건강하고 힘이 넘치는 보살들이 있어, 그들은 낡은 옷을 입는다. 지지보살은 소통과 접촉을 회복하기 위해 도로와 다리를 다시 만드는 데 자신을 바친다. 오늘날 세상에는 부서진 다리와 지지보살이 셀 수 없이 많다. 그들은 개인과 나라 그리고 문화 사이에서 소통과 이해의 다리를 다시 세우기 위해 자신의 몸과 마음을 바치는 존재이다. 상불경보살은 어디를 가든 격려의 말을 건넨다. "당신은 앞으로 나아갈 힘이 있어요. 자신을 믿으세요. 낮은 자존감이나 수동적인 태도에 굴복하지 마세요. 당신은 부처가 될 수 있습니다." 그의 메시지는 자신감과 자기 결의의 메시지이다. 나는 세상의 모든 가난한 나라의 시골 농부들을 생각한다. 그들에게는 자신의 능력을 믿도록 격려하는 누군가가 있는가? 그래서 그들도 다른 사람만큼 권리를 가질 수 있는 그런 미래를 구축할 수 있게 하는가? 우리 세상에는 상불경보살 같은 수백만의 보살이 더 많이 필요하다.

우리는 세상에 많은 보살이 있다는 사실에 기뻐한다. 믿음과 결심 그리고 자신감의 씨앗을 뿌리는 그들을 가는 길 굽이굽이에서 만날 수 있다. 예를 들면 관세음보살은 언제나 고통을 겪고 있는 사람들과 함께하는 길을 찾는다. 관세음보살은 그 어떤 것도 두려워하지 않는다. 그리고 상황에 적합한 그 어떤 수단이라도 기꺼이 활용한다. 관세음보살은 필요하다면 그 어떤 모습—스님, 정치가, 상인, 학자, 여자, 아이, 신 혹은 악마—
도 기꺼이 취한다. 우리는 관세음보살처럼 들을 수 있는가? 우
리는 관세음보살의 정신과 함께 가능한 온갖 모습과 수단을 이
용하여, 세상에 도움을 가져올 수 있다. 상불경보살이나 지지
보살처럼 온 마음을 다 기울인 보살의 정신은 세상을 다시 세
울 것이다. 지장보살도 잊지 말자. 지장보살은 가장 큰 고통이
있는 곳에 사는 사람들과 함께하리라는 서원을 세운다. 그 어
떤 존재라도 지옥에 남아 있다면 지장보살은 그곳에 있을 것이
다. 그의 정신은 억누를 수 없다. 그런 사람이 있는 곳이면 어
디에서나 꽃이 피어난다. 심지어 지옥의 심연에서조차도.

보살은 종종 아름다운 옷을 입은 모습으로 그려진다. 반짝
이는 보석으로 머리와 팔 그리고 목을 장엄한다. 반대로 스님
들은 결코 화려한 옷을 입은 모습으로 그려지지 않는다. 보살
의 이미지는 그들이 어떻게 삶을 아름답게 하고 장엄하는지를
상징한다. 그들은 삶을 아름답게 만든다. 예술가들은 아이들의
설빔처럼 화려하고, 이른 봄날처럼 환한 빛깔의 옷을 입은 보
살을 그린다. 그 누구도 보살보다 더 깊이 고통의 존재를 볼 수
는 없다. 하지만 또한 그 누구도 그토록 새롭고 변함없는 미소
를 간직하지 못한다.

나는 보살이 "우리는 울고 통곡하기 위해 여기 있는 것이 아
니다. 우리는 삶을 아름답게 하기 위해 여기에 있다"라고 말하
는 것을 듣는다. 우리는 이 '친구들'에게 감사해야 한다. 그리고

우리도 가장 좋은 옷을 입고, 그들이 세상을 장엄하도록 도와야 한다. 그들은 우리가 그들을 '친구'라고 부르면 기뻐할 것이다. 그들을 대좌 위에 앉은, 멀리 떨어진 존재라고 생각할 필요가 없다. 우리는 매일 보는 사람들 가운데에서 그들의 존재를 인식할 수 있다. 그들에게 친구로서 다가가는 것은 오만이 아니라, 우리를 감싸고 있는 경직된 사고로부터의 자유이다. 오찌르레기여, 비록 당신의 목이 아주 작을지라도 노래하라. 그리고 당신의 노래가 삶의 경이로움을 칭송하게 하라. 관세음보살의 보석 목걸이는 반짝이고, 당신의 노래는 빛난다. 아침의 태양이 금빛 물줄기처럼 언덕을 휘감으며 내려가게 하라. 그리고 그것들이 풀밭을 뒤덮을 때까지, 마음챙김의 기적을 환영하면서 온갖 꽃들이 하나로 피어나게 하라.

그 경이로운 밤에 내 마음과 가슴은 꽃처럼 피어난다. 그리고 나는 보살들이 단지 멀리 있는 성스러운 존재가 아니라 바로 지금 여기 이 삶에서 우리를 돕는 사랑스러운 친구라고 인식했다. 이와 같은 통찰은 일상의 게송 안에도 표현되어 있다.

연꽃이 피어날 때
우리는 바로 부처를 보네.
그리고 태어남도 없고 죽음도 없는 실상을 접하네.
모든 보살들은 우리의 벗이 되네.

우리의 마음과 가슴이 꽃처럼 피어나면 그것은 결코 시들지 않는다. 그것은 정토에 핀 연꽃과 같다. 연꽃이 비추는 빛은 우리가 그 길 어디에서 친구를 찾을지 보여줄 것이다.

자정 무렵 여전히 눈이 흩날리는 동안 나는 따뜻한 외투를 입고 캠퍼스 센터로 걸어갔다. 그러고는 TV에서 하는 크리스마스 특집 프로그램을 보고 있던 랄프 넬슨 옆에 앉았다. 랄프의 가족은 남부에 산다. 휴일이라고 찾아가기에 그곳은 너무 멀다. 나는 그가 고향을 그리워한다는 것을 분명하게 느낄 수 있었다. 그는 그저께 친구를 찾아가기 위해 차를 몰고 펜실베이니아로 갔다. 그런데 프린스턴으로 다시 돌아오는 길에 눈보라에 갇혀서 길옆에 차를 대놓고 자야만 했다. 그런 상황은 위험할 수 있다. 기온이 아주 많이 떨어질 수도 있고, 심지어 닫힌 차 안에서 얼어 죽는 사람도 있다. 다행히도 랄프는 그 곤경에서 살아남아 캠퍼스로 안전하게 돌아왔다. 나는 그에게 "크리스마스이브에 가족과 떨어져 있어 외로우세요?"라고 물었다.

그는 "나는 혼자 사는 데 익숙해요. 별일이 아니에요"라고 했다. 나는 그의 눈에서 어떤 슬픔을 보았다. 바로 그때 우스운 영화가 나왔다. 랄프와 나는 1시 30분까지 함께 웃었다. 캠퍼스 센터를 나서자 눈이 무릎까지 쌓여 있었다. 나는 랄프에게 잘 자라고 말하고 브라운 힐로 향했다. 방으로 돌아와 마른 양말로 갈아 신고, 난방기 옆에서 발을 따뜻하게 데웠다.

작년에는 시골에서 크리스마스를 보냈다. 그곳에서 나는 휴일을 축하하는 미국 가족들의 따뜻한 마음을 경험했다. 이곳의 크리스마스는 꼭 설날 같다. 젊은 사람이나 나이 든 사람이나 다들 많은 선물을 주고받는다.

　어린 소년에게 "불자들은 크리스마스를 기념하나요?"라는 질문을 받았고, "그럼, 우리나라에서는 불자들이 네 번째 달의 보름날에 크리스마스를 축하한단다. 우리는 그날을 '붓다마스'라고 불러"라고 대답했다.

　발을 따뜻하게 데우다 체로키 마을의 젊은 야영객들이 생각났다. 그리고 나는 아주 푹 잤다.

1963. 1. 20.

뉴욕

음력 섣달 마지막 즈음에 사이공 시장은 물건을 파는 상인과 물건을 사는 사람들로 북적인다. 나는 높이 솟은 수박 더미를 생각했다. 바깥은 밝은 녹색이고 안은 루비처럼 빨간 수박. 미국에서 이맘때쯤 수박을 찾는 일은 거의 불가능하다. 그렇지 않다면 수박을 몇 개 사서 깎아 등을 만들 텐데 말이다.

어제 고향에서 보내온 새해 선물로 가득 찬 꾸러미를 받았다. 백단향, 흰색 양초, 차 한 통, 생강편, 설탕에 절인 과일들, 그리고 수박씨 등이었다. 정말 행복했다! 여유로운 사람처럼 찻물을 끓이고, 초를 켜고, 이 사이로 수박씨를 깨뜨렸다. 스티브는 수박씨를 좋아하지 않는다. 좀 더 정확히 말하면 수박씨가 하는 중요한 역할을 이해하지 못한다. 그는 말린 생강편도 좋아하지 않는다. 조금 먹어보더니만 코를 찡그리고는 너무 맵다고 했다. 그는 차와 설탕에 절인 과일을 즐겨 먹었다.

스티브는 수박씨가 줄 수 있는 이로움이 무엇인지 물었고, 나는 이로움이 많다고 대답했다. 미국 사람들은 결혼식이나 생일, 추수감사절 그리고 다른 특별한 경우를 축하하기 위해 제일 좋아하는 음식을 먹는다. 하지만 결코 "휴일을 먹는다" 라고 말하지는 않는다. 베트남어로 'an tết'라는 말은 '우리는 새해를 먹어요'란 뜻이다. 우리는 생일, 결혼식, 아기가 태어난 첫 달, 누군가의 환갑 심지어 어떤 사람의 제삿날까지도 먹는다. 설 3일 동안 계속 먹는다. 어디를 가든 의무적으로 뭔가를 먹어야만 한다. 그렇지 않으면 주인의 심기를 불편하게 만들 수도 있다. 수박씨를 대접하는 풍습 덕분에 배도 부르지 않으면서 무언가를 계속 먹을 수 있다. 두 번째 이로움은 얼마나 많은 수박씨를 먹든지 건강을 해칠 염려를 하지 않아도 된다는 점이다. 음식을 너무 많이 먹으면 배가 아프다. 하지만 수박씨는 결코 말썽을 일으킬 일이 없다. 세 번째 이로운 점은 씨를 깨뜨리고 씹느라 입이 분주한 동안에는 말을 하리라고 기대되지 않는다는 점이다. 그것은 할 말이 없을 때 특히 쓸모가 있다. 그것은 네 번째 이로움으로 이어진다. 말을 하지 않기에 나중에 후회할 말을 하고 걱정할 필요가 없다. 수박씨는 사람들에게 뭔가 유익한 말이 떠오를 때까지 곰곰이 생각할 시간을 갖는 법을 가르친다. 베트남어로 우리는 이렇게 말한다. "당신은 언제나 다른 사람에게서 배울 수 있다. 그들이

다섯 살이든 혹은 여든 살이든." 수박씨는 모든 나이대의 사람들에게 마음챙김으로 말하도록 격려하는 역할을 한다. 생산적인 말을 할 게 없으면 열심히 들으면서 그저 이로 수박씨를 깨뜨리면 된다. 어떤 주제에 대해서 아는 것이 하나도 없을 때에도, 조용히 씨앗을 씹고 있으면 그 누구도 비난하지 않는다. 스티브는 내가 수박씨의 온갖 이로움을 설명하자 웃음을 멈추지 않았다. 그러고는 나더러 그 주제로 책을 한 권 쓰라고 제안했다.

베트남은 지금 봄이다. 여기는 여전히 너무 춥고 모든 것이 꽁꽁 얼어붙어 있다. 그리고 적어도 두 달간 더 겨울이 계속될 것이다. 뜨히에우 사원 주변 언덕을 덮은 소나무들의 잎은 반짝일 것이다. 새해를 맞는 그곳의 소나무는 언제나 크고 우뚝해 보인다. 틀림없이 많은 친구들이 그 소나무 사이를 거닐며, 세 가지 보물三寶(붓다, 다르마, 상가 즉 수행 공동체를 의미함)이 주는 새해 선물을 집으로 가져 가기 위해 나뭇가지를 꺾고 있을 것이다. 이맘때쯤이면 소나무들은 몸살을 앓는다. 사람들이 가지를 한 아름씩 꺾어 가면 아름다운 사원 경내 나무들은 헐벗고 들쑥날쑥하게 보인다. 어느 해에 나는 사로이 사원이 소나무 숲을 일구어 사람들이 가지를 모을 수 있게 했다는 말을 들었다. 그것은 다른 소나무를 보호하기 위해서였다. 그들의 계획이 통했는지 안 통했는지는 모르겠다. 내 생각에 사람들은 재배된 가지는 '진짜배기'만 못하고, 다른 나무들처럼 '부처님의 정신'

을 뽑어낼 수는 없다고 생각할 것 같다. 나무가 시달리고 있는데, 집을 장식하기 위해 가지를 꺾는 풍습은 더이상 아름답지 않다.

설날 많은 사람들이 참석하는 법회와 의례는 의미가 있지만, 나는 고요한 절의 환경도 보존되기를 바란다. 한 사람이 부처님을 만나기 위해 작고 조용한 공간에 들어가는 일은 좋다. 조그맣고 고요한 공간은 영적인 경험에 도움이 된다. 그런 공간에서 부처님을 만나는 것은 자신의 진정한 자아를 만나는 것이다. 오늘날 사람들은 집단적인 기도 의식을 거행하기 위해 큰 절을 세운다. 그것이 가치 있는 일이라고 해도 나는 스승과 제자 사이의 개인적인 만남 또한 보존되기를 바란다. 개인적인 만남 속에서 제자는 스승의 완전한 주의의 대상이 되고, 그런 종류의 주의는 제자의 마음챙김을 불러일으킨다. 스승 또한 완전히 현존하는 제자에게서 이로움을 얻는다. 부처님께서 영취산에서 꽃 한 송이를 들었을 때 오직 마하가섭만이 미소를 지었다. 영취산 자체와 거기 앉아 있던 전체 대중이 다 사라졌다. 거기에는 오직 부처님과 마하가섭 두 사람만이 진정으로 현존했다. 그것은 진정한 만남이었다.

어느 날 오후 우리 절을 향해 걷고 있을 때, 소나무로 뒤덮인 뜨히에우 언덕에서 돌아오는 한 무리의 젊은 불자들을 지나쳤다. 어떤 사람들은 걸어가고 있고, 어떤 사람들은 자전거를 타고 있었다. 그들은 각자 소나무 가지를 들고 있었다. 나는 나무의 고통을 느낄 수 있었다. 이번 설날도 틀림없이 다르지 않을 것이다. 나는 친구들이 소나무들을 보호하기 위해 최선을 다하기를 바란다.

베트남이 자정이면 뉴욕은 정오이다. 그래서 나는 정오에 설을 축하하기로 계획했다. 작년에 프린스턴에 있을 때는 근처에 사는 젊은 베트남 청년과 함께 설날을 정오에 맞았다. 다른 시간, 장소 그리고 기후였다. 하지만 똑같은 축하였다. 프린스턴의 모든 사람들은 직장이나 학교로 떠났고, 그 시각 베트남에서 사람들이 설날을 축하하고 있다는 사실을 알지 못한다. 하지만 나는 알고 있었다. 설날이 왔음을 알았다. 그것은 자각의 문제이다. 만일 당신이 어떤 것을 자각하지 못한다면 그것은 존재하지 않는다. 주체와 자각의 대상은 따로 떨어져 있지 않다.

어느 날 한 철학책을 찾으러 버틀러 도서관에 갔다. 철학 서가가 있는 방에 들어서자 단 두 명의 할아버지가 책상에 앉아서 책을 읽고 있었다. 나는 원하던 책을 찾았다. 스나이더 교수가 쓴 책이었다. 한동안 그곳에 머물며 책을 읽고 있었는데, 정확히 얼마나 오래였는지는 모르겠다. 그러다가 갑자기 뚜렷한 자몽 꽃 향기가 나서 깜짝 놀랐다. 1천6백 킬로미터 이상 떨어진 곳에서도 자몽 나무는 자라지 않는다. 내가 고향에서 너무 오래 떨어져 있었기에 베트남의 작은 소리나 향기도 내게는 무척 소중하다.

재스민, 백합, 응아우 꽃,
그 어떤 것도 달콤한 자몽 꽃의
은은한 향기에 비할 수 없네.

　자몽은 내 고향과 수많은 민요의 향기이다. 나는 책을 내려
놓았다. 읽는 것이 불가능했다. 그 향기가 실재일 수 없다는 생
각이 들었다. 진짜 나무에서 뿜어져 나온 향기일 수가 없었다.
그것은 틀림없이 상상이거나 잠재의식에서 어떤 기억이 떠오
른 것이리라. 과거에도 비슷한 경험을 했다. 마음을 고요히 하
며 다시 스나이더 교수의 책으로 눈길을 돌렸다. 하지만 다시
틀림없는 자몽 꽃향기가 났다. 어쩌면 젊은 여성이 자몽 향이
나는 향수를 뿌리고 그 방에 들어온 것일지도 모른다. 나는 그
런 향수가 있는지도 알지 못한다. 하지만 그것은 가능한 설명
이었다. 나는 책을 뚫어져라 보았다. 그러면서 아마 베트남, 아
니면 최소한 아시아에서 온 세련되고 우아한 젊은 여성을 상상
했다. 고개를 들어 정말 거기에 그녀가 있는지 보고 싶은 충동
을 느꼈다. 아시아에서 온 단아한 젊은 여성 대신 화장을 덕지
덕지한 요란스러운 여성을 보게 될까 봐 두려웠다. 그리고 실
망하고 싶지 않았다. 그래서 나는 거기에 5분 동안 앉아 있었
다. 고개를 드는 것이 두렵고, 책을 읽을 수도 없었다.
　행자로서 나는 불교 철학을 반드시 읽어야 한다. 고작 열여
섯 살이었고, 연기 그리고 주체와 대상이 하나라는 등의 개념

을 이해할 수가 없었다. 왜 지각하는 사람이 지각되는 대상으로부터 독립적으로 존재할 수 없는지를 이해하는 것은 쉽지 않았다. 철학 시험에서 가까스로 높은 점수를 받긴 했지만 온전히 이해하지는 못했다. 나는 자각 때문에 유한한 현상의 세계가 초월적인 의식의 영역과 함께할 수 있다고 추론했다. 존재는 오직 비존재와 대비되어 정의될 수 있다. 그리고 만일 자각이 없다면 존재도 비존재도 없다. 그것은 마치 아무것도 존재하지 않는 것과 같다. 하지만 더 깊은 함의는 분명하지 않았다.

내가 이 몇 줄을 쓰고 있는 동안 다른 사람은 아직은 아무도 이것을 읽지 않았다. 나의 생각, 느낌, 종이, 잉크, 시간, 공간 그리고 손 글씨뿐만 아니라 그것들의 존재에 기여한 다른 모든 현상을 포함하고 있는 이 몇 줄은 오직 나의 의식 안에서 존재한다. 어느 날 이것을 읽을지 모르는 독자들 역시 내 의식 안에 있다. 모든 현상들 — 꽃이 만발한 자몽과 오렌지 나무, 우아한 코코넛 나무, 높이 솟은 아레카야자 들이 있는 베트남 그리고 활기찬 도시 뉴욕, 태양, 눈, 구름, 달 그리고 별들 — 은 이런 내 의식 안에 있다. 그것들은 단지 개념일 뿐이다. 나의 세상, 내 모든 친구와 독자들, 내가 만지고 생각했던 모든 자몽 나무와 오렌지 나무를 포함한 세상은 개념의 세계이다.

당신이 이 글을 읽을 때 그 속에서 나를 볼 수 있는가? 그때 이 도시 그리고 내 생각과 느낌들은 당신의 의식 안에 있는 개

넘이 될 것이다. 당신에게 이 개념들은 내 의식 대상과의 직접적인 접촉의 결과가 아니다. 물질적인 실재를 결여한 이 개념들은 의식이라는 매개를 통해서 공유된다. 개인적이고 집단적인 의식의 물질적 토대는 모두 사라졌다.

개념의 세계에서 주체와 대상은 똑같이 동전의 양면이다. 이것은 약 2년 전 어느 날 내가 쭉람 사원에 머물던 날 밤 분명해졌다. 나는 새벽 2시 반에 잠이 깨어 다시 잠들 수가 없었다. 그래서 첫 번째 종소리를 들을 때까지 조용히 누워 있었다. 그런 다음 앉아서 발로 슬리퍼를 찾았다. 하지만 슬리퍼는 침대 아래 아주 먼 곳에 있었던 것 같다. 그래서 나는 맨발인 채 창가로 걸어갔다. 발아래 닿는 서늘한 바닥이 신선하고 상쾌하게 느껴졌다. 창문에 기대어 밖을 내다보았다. 아직 너무 어두워서 아무것도 보이지 않았다. 하지만 뜰의 식물들이 여전히 거기 있다는 것을 알았다. 협죽도 관목은 구석에 여전히 서 있고, 야생화들은 여전히 창문 아래에서 자라고 있었다. 나는 자각의 주체가 어떻게 자각의 대상에서 떨어져서 존재할 수 없는지를 경험했다. 협죽도 관목과 야생화는 내 의식의 대상이었다. 의식의 주체와 대상은 서로에게서 분리되어 존재할 수 없다. 대상이 없을 때 주체는 그 어떤 것도 자각할 수 없다. 산과 강, 땅과 태양, 그 모든 것이 의식의 한 가운데에 있다. 깨달음이 일어날 때 시간과 공간은 사라진다. 원인과 결과, 태어남과 죽음, 그 모든 것이 사라진다. 우리가 어떤 별에서 10만 광

년 떨어진 곳에 머문다고 할지라도 우리는 순식간에 그 거리를 가로질러 갈 수 있다. 과거의 성자들은 순식간에 현재로 돌아올 수 있다. 그들의 존재는 밝은 불꽃처럼 생생하다.

나는 창가에 서서 미소 지었다. 누군가 내가 활짝 웃고 있는 것을 보았다면 제정신이 아니라고 생각했을 것이다. 밤의 장막은 완전히 검은색이다. 하지만 거기에는 의미가 있다. 이것은 내 의식 속에서 매우 분명했다. 그 미소가 모든 기적적인 존재를 비추었다.

당신은 거기 있다. 왜냐하면 내가 여기에 있기 때문이다. 우리는 서로 연결되어 존재한다. 만일 우리가 존재하지 않는다면 그 어떤 것도 존재하지 않는다. 주체와 대상, 주인과 손님은 서로의 한 부분이다. 나는 아침이 올 때 보이는 세계에서 그 어떤 새로운 것이나 흔치 않은 것을 발견할 수 없으리라는 사실을 알았다. 서쪽의 파란 하늘, 동쪽의 핑크빛 지평선은 오직 내 의식 속에서 존재한다. 파란색은 따로 떨어진 자아를 갖고 있지 않다. 핑크색도 마찬가지이다. 그것들은 오직 내 의식 속에서만 파란색, 핑크색이다. 그것은 태어남과 죽음, 같고 다름, 오고 감의 경우에도 마찬가지이다. 이것들은 모두 내 의식 안에 있는 이미지들이다. 만일 내 눈을 들여다본다면, 당신은 당신 자신을 볼 것이다. 당신이 빛난다면 내 눈도 빛날 것이다. 당신이 기적이라면 내 의식도 기적일 것이다. 당신이 거리를 두고 쌀쌀맞다면 나도 거리를 두고 쌀쌀맞을 것이다. 내 눈을 들여다

보라. 당신은 당신의 우주가 밝은지 어두운지, 무한한지 유한한지, 언젠가 죽을지 영원히 살지를 알게 될 것이다. 시인 쭈부는 이렇게 썼다.

눈이 푸른 하늘을 보기에
눈은 하늘색으로 반짝이네.
눈이 거대한 바다를 보기에
눈은 바다만큼 널리 펼쳐지네.

어두운 밤에 내 미소가 반짝일 때, 나는 구름처럼 부드럽고 시원한 시냇물 위를 떠다니는 깃털처럼 가볍다고 느꼈다. 작은 물결들이 내 머리를 떠받치고 있는 것 같았다. 위를 쳐다보니 파란 하늘과 낮 동안 지나갔던 하얀 구름이 보였다. 구름은 여전히 하얗고 하늘은 여전히 푸르렀다. 아마도 더 하얗고 더 푸르렀을 것이다. 그것은 실상의 태어남도 없고 죽음도 없는 본질의 흔적이 아닌가? 숲속에서 가을 잎새들이 바스락거리는 소리를 들었고, 들판에 있는 풀들은 아름다운 향기를 풍겼다.

이윽고 나는 하늘에서 별 하나를 보았고, 바로 내가 서 있던 곳으로 돌아왔다. 나의 발은 서늘한 바다에 닿아 있었고, 손은 창틀에 올리고 있었다. "내가 여기에 있다. 내가 존재하기 때문에 우주가 존재한다. 내가 존재하기 때문에 당신이 존재한다.

내가 존재하기 때문에 조약돌과 멀리 있는 구름이 존재한다. 이 모든 것들이 진정으로 존재하지 않는다면 내가 어떻게 존재할 수 있는가? 작은 먼지 하나의 존재가 다른 모든 것들을 가능하게 만든다. 먼지가 존재하지 않는다면 우주도, 당신도, 나도 존재하지 않는다"라고 별이 말했다.

나는 이 땅에 있는 것이 행복하다. 강물은 모든 것을 자기 안에 비춘다. 강의 흐름 덕분에 삶의 변화가 가능하다. 그리고 죽음은 삶 안에 깃들어 있다. 죽음이 없다면 삶도 있을 수 없기 때문이다. 그 흐름을 환영하자. 무상과 무아를 환영하자. 무상과 무아 덕분에 선禪 시인들이 칭송한 아름다운 세상 ─ 바나나 나무의 윤기, 태양까지 닿는 꽂꽂하고 향기로운 아레카야자 ─ 이 우리에게 있다. 땅은 먼지로 가득하다. 우리 눈도 먼지로 가득하다. 다른 곳에서 정토를 찾을 필요가 없다. 우리는 그저 머리를 들어 달과 별을 분명히 보기만 하면 된다. 자각하는 것이 핵심이다. 만일 눈을 뜬다면 볼 것이다. 나는 천국에 아레카, 오렴자, 라임 그리고 자몽 나무들이 있으리라고 확신한다. 한때 내가 어떻게 태어남과 죽음의 세계 바깥에서 극락을 찾았던가를 생각하면 웃음이 난다. 그것은 오직 기적의 진리가 드러나는 태어남과 죽음의 세계 안에 있다.

베트남에는 몹시 거대한 폭풍우가 온다. 어느 날 나는 친구 집의 창가에 앉아 내가 영원토록 바라볼 수 있었던 풍경을 보았다. 길 건너편에는 나지막한 지붕의 잡화 가게가 있었다. 빗줄과 가시철사 뭉치, 솥과 냄비 들이 처마 끝에 걸려 있었다. 생선 소스, 콩 소스, 양초 그리고 땅콩사탕 등 수백 가지 물건들이 펼쳐져 있었다. 그 가게는 물건들로 가득했다. 불빛은 희미했고, 폭풍우가 길을 어둡게 만들어 어떤 게 어떤 것인지 구분하기가 쉽지 않았다. 대여섯을 넘지 않아 보이는, 오랫동안 햇볕 아래에서 놀아 피부가 검게 그을린 어린 사내아이가 수수한 반바지를 입고 가게 앞 디딤대 위의 작은 의자에 앉아 있었다. 그는 밥공기에 담긴 밥을 먹고 있었다. 지붕의 툭 튀어나온 처마가 비를 막아주었다. 비가 지붕에서 흘러넘쳐 아이가 앉은 곳 앞에 웅덩이를 만들었다. 아이는 한 손에는 밥공기를, 다른 한 손에는 젓가락을 들고 있었다. 그리고 천천히 밥을 먹었다. 아이는 지붕에서 쏟아지는 물줄기에 눈을 고정하고 있었다. 큰 물방울들이 웅덩이 표면에서 큰 소리를 내며 물거품을 일으켰다.

　나는 길 맞은편에 있었지만, 오리알을 넣어 비빈 밥 위에 생선 소스가 뿌려진 것을 볼 수 있었다. 소년은 젓가락을 천천히 들어 입으로 가져가더니 작은 한 입 한 입의 음식을 음미하며, 비를 응시하고 있었다. 아주 만족한 듯 보였다. 그것은 웰빙의 이미지 바로 그것이었다. 나는 소년의 심장 박동을 느낄 수 있었다. 그의 폐, 위, 간 그리고 다른 모든 내장 기관이 조화롭게 작동하고 있었다. 만일 이가 아팠다면 소년은 그 순간의 평화로움을 즐길 수 없을 것이다. 나는 아름다운 보석이나 한 송이 꽃, 또는 일출에 감탄하듯이 소년을 바라보았다. 진리와 낙원이 자신을 드러냈다. 나는 아이의 이미지에 완전히 빠져들었다. 소년은 신성한 존재, 나이 어린 신 같았다. 아이는 모든 눈짓, 모든 한 입의 밥과 함께 온전히 건강한 상태의 축복을 구체적으로 보여주었다. 나는 아이가 걱정이나 불안을 전혀 느끼지 않는다는 것을 확신했다. 아이는 가난에 대한 생각도 없었다. 그는 자신의 수수한 검정 반바지를 다른 아이들의 화려한 옷과 비교하지 않았다. 아이는 신발이 없다고 시무룩하지도 않았다. 푹신한 의자가 아닌 딱딱한 의자에 앉아 있는 것도 신경 쓰지 않았다. 그 어떤 갈망도 느끼지 않았다. 그 순간에 완전히 평화로웠다. 그저 아이를 바라보는 것만으로도 똑같은 웰빙이 내 몸에 흘러넘쳤다.

보랏빛 그림자가 길을 건너 스쳐 지나갔다. 소년은 잠시 올려다보았다. 이내 그의 시선은 웅덩이에서 춤추는 물방울로 돌아갔다. 아이는 기쁜 마음으로 밥과 오리알을 꼭꼭 씹으며 비를 보았다. 소년은 빨강색과 보라색 아오자이를 차려입고 양산을 들고 지나가는 젊은 여자들에게 더이상 주의를 기울이지 않았다. 갑자기 그가 고개를 돌려 길을 내려다보았다. 그는 미소를 지었고 뭔가 새로운 것에 빠져들었다. 나는 길거리를 내려다보았다. 어린 아이 둘이 나무 수레에 탄 아이 하나를 끌어당기고 있었다. 그 세 아이는 옷을 한 오라기도 걸치고 있지 않았다. 그리고 웅덩이에서 물을 튕기면서 아주 즐거운 시간을 보내고 있었다. 수레 바퀴는 돌고 또 돌며 웅덩이에 닿을 때마다

물을 흩뿌렸다. 나는 문간에 있는 소년을 다시 돌아보았다. 그는 먹기를 멈추고 다른 아이들을 보고 있었다. 그의 눈이 빛났다. 그 순간 나의 눈이 그의 눈을 비추었다고 믿는다. 그리고 나는 그의 기쁨을 나누었다. 아마도 나의 기쁨은 그의 기쁨만큼 크지는 않았을 것이다. 어쩌면 나는 행복하다는 것을 잘 알고 있었기에, 내 기쁨이 훨씬 더 컸을지도 모르겠다.

이윽고 아이가 "가요, 엄마"라고 소리치는 것을 들었다. 그러고는 곧 일어나서 가게 안으로 들어갔다. 나는 소년의 엄마가 그를 불러 밥을 더 먹으라고, 안으로 들어오라고 했으리라 짐작했다. 하지만 그는 다시 나오지 않았다. 아마도 소년은 첫 밥 한 공기를 가지고 그렇게 오래 꾸물거린다고 혼을 낸 부모와 함께 밥을 먹고 있을지도 모른다. 만일 그렇다면, 가여운 녀석! 소년의 부모는 그가 방금 전 낙원에 있었다는 사실을 알지 못했다. 그들은 마음이 현실을 분리할 때, 마음이 판단하고 분별할 때, 그것이 낙원을 죽인다는 것을 알지 못했다. 햇빛을 나무라지 마라. 맑은 시냇물이나 봄날의 작은 새들을 야단치지 마라.

작은 아이같이 되지 않는다면 어떻게 낙원으로 들어갈 수 있을까? 분별하는 눈으로 혹은 모든 이해의 토대를 개념에 두고는 현실을 볼 수 없다. 이 글을 쓰면서 나는 어린 시절의 천진함으로 돌아가기를 열망한다. 나는 친구의 머리에 난 소용돌이를 살펴보는 베트남 아이들의 놀이를 하고 싶다. "소용돌이 하나는 아버지에 대한 헌신, 소용돌이 둘은 어머니, 소용돌이 셋은 이모, 많은 소용돌이는 자기 나라"를 의미한다. 나는 눈덩이를 만들어 베트남까지 온 힘을 다해 던지고 싶다.

친구들과 나는 영웅이 되고 싶었다. 영웅은 "불운을 산산조각내고 재앙을 없애는 사람"이었다. 우리는 영웅이 되려면 무엇이 필요한지를 알지 못했다. 그래서 옛 기사들을 모방하려고 했다. 어린 시절 우리의 꿈을 생각하면 미소를 짓지 않을 수 없다. 대나무 칼을 움켜잡고 옛사람의 말을 되풀이하였지만 우리는 용감한 기사같이 보이지 않았다. 지금 춥고 부산한 도시에서 글을 쓰면서, 나는 옛날에 가졌던 욕망을 조금 느낀다. 세상은 우리가 어린 아이였을 때와 똑같고, 여전히 진정한 영웅들이 나타나기를 인내하며 기다리고 있다.

옛 기사들은 도움이 필요한 사람들을 구하기 위해 산중의 훈련지를 내려오기 전에, 존경받는 무예의 달인들에게 오랫동안 훈련을 받았다. 나는 불교 행자였을 때 작은 한 권의 책,《일상을 위한 게송Gathas for Daily Life》으로 수행을 했다. 요리하고, 마당을 쓸고, 물을 나르고, 장작을 패는 법을 배웠다. 우리 중 몇몇은 산에서 내려가기 전까지 요리, 마당 쓸기, 물 나르기, 장작 패기의 기술을 배울 시간이 부족했다. 또 어떤 사람들은 채 준비가 되기도 전에 산을 내려왔다. 재능과 능력이 아직 채 계발되지 않았는데, 우리가 어떻게 남을 도울 수 있겠는가? 우리는 자신이 영웅과 같고 없어서는 안 되는 사람이라고 생각했을지도 모른다. 심지어 스스로 영웅이라고 불렀을지도 모른다. 사회는 너무 자주 오직 겉모습만으로 영웅을 판단하고 받아들인다. 그래서 그런 사람들이 스스로 진정한 영웅이라고 생각하게 된다. 그들이 존재하지 않으면 모든 것이 무너져 내릴 것이라고 믿지만, 친구들과 내가 프엉보이를 떠나도 세상은 무너지지 않았다.

삶은 진정한 영웅을 끈기 있게 기다린다. 영웅이 되기를 염원하는 사람들이 자기 자신을 찾을 때까지 기다리지 못한다면 이는 위험한 일이다. 영웅이 되기를 바라는 사람들이 아직 자신을 발견하지 못했을 때, 그들은 전투에서 싸우기 위해 세상의 무기 — 돈, 명예, 권력 — 를 빌리려는 유혹을 받는다. 이런 무기로 영웅의 내면의 삶을 지킬 수 없다. 두려움과 불안에 맞서기 위해, 미성숙한 영웅은 언제나 계속 바쁘다. 끊임 없이 바쁘다는 것의 파괴적인 힘은 핵무기에 버금가고 아편만큼이나 중독성이 있다. 그것은 영혼을 텅 비게 한다. 거짓 영웅은 자기 영혼의 공허함을 다루는 것보다 전쟁을 일으키는 편이 더 쉽다고 느낀다. 그들은 쉴 시간을 전혀 갖지 못하는 것에 대해 불평할지도 모른다. 하지만 만일 휴식시간이 주어진다면, 정작 무엇을 할지 알지 못할 것이다. 오늘날의 사람들은 쉬는 법을 알지 못한다. 그들은 주의를 빼앗는 셀 수 없이 많은 것으로 자유시간을 채운다. 사람들은 몇 분간의 여유 시간도 참지 못한다. TV를 켜거나 신문을 집어 들고는, 그 어떤 것이라도 심지어 광고라도 읽어야 한다. 그들에게는 계속해서 보고 들을 것, 또는 말할 것이 있어야만 한다. 그 행동은 모두 내면의 공허가 그 무서운 머리를 쳐들지 못하게 하려는 것이다.

내가 아이였을 때, 자신의 용감한 위업에 대해 친구들에게 자랑을 늘어놓는 한 남자에 대한 이야기를 재미있게 읽었다. 하지만 그는 아내가 너무 무서웠다. 감히 아내를 똑바로 바라보지도 못했다. 오늘날의 영웅들은 그와 같다. 그들은 아주 바쁘기 때문에 자신들이 진정한 영웅이라고 생각한다. 하지만 만일 우리가 그들 내면을 본다면 황량함을 볼 것이다. 오늘날의 영웅들은 삶을 변화시키려는 뜻을 가지고 산을 내려오지만 삶에 의해 압도된다. 단호한 결심과 성숙한 영적 삶이 없다면 내밀한 악마를 결코 통제할 수 없다.

《일상을 위한 게송》은 전사의 전략 매뉴얼이었다. 행자로서 절에 들어가면 그 책을 건네받는다. 그리고 언제나 그 책을 가까이 두어야 하고, 심지어 밤이면 책을 베개 삼으라는 말을 듣는다. 책 안에 있는 게송들은 일상의 평범한 행위 속에서 언제나, 즉 먹고 마시고 걷고 서 있고 누워 있을 때 그리고 일할 때 자신을 관찰하기 위해 마음과 함께 머무는 법을 가르쳐준다. 그것은 길을 잃은 물소를 찾으려고 지그재그로 난 흔적을 따라가는 것만큼이나 힘이 든다. 자기 자신의 마음으로 돌아오는 길을 따르는 것은 쉬운 일이 아니다. 마음은 이 가지에서 저 가지로 획획 움직이는 원숭이와도 같다. 원숭이를 잡기가 쉽지 않다. 원숭이가 다음에 어느 가지로 움직일지 가늠할 수 있으려면, 그 녀석보다 더 빠르고 더 영리해야 한다. 원숭이를 쏘기는 쉽겠지만, 목적은 원숭이를 죽이거나 위협하거나 강압하려는 것이 아니다. 목적은 원숭이를 잡기 위해 그것이 다음에 어디로 갈지를 아는 것이다. 그렇게 하면 언제나 그 원숭이와 함께 있을 수 있다. 일상의 게송을 담은 그 얇은 책은 우리에게 대처법을 알려주었다. 그 게송들은 단순했지만 놀랄 만큼 효과적이었다. 그것들은 몸과 말과 마음의 모든 행위를 관찰하고 그것을 완전히 익히는 법을 가르쳐주었다. 예를 들면 손을 씻을 때, 우리는 스스로에게 이렇게 말한다.

> 맑은 물에 손을 씻으며
> 나는 모든 이들이
> 진리를 받아들이고 소중히 할 수 있도록
> 깨끗한 손을 갖기를 기도하네.

그런 게송은 명료함과 마음챙김을 격려한다. 심지어 가장 평범한 일조차 성스럽게 만든다. 화장실에 가고, 쓰레기를 내놓고, 장작을 패는 것은 시와 예술이 스민 행위가 된다.

설령 당신이 벽을 바라보며 9년 동안 앉아 있는 불굴의 의지를 가졌다 할지라도, 앉는 것은 선 수행의 일부에 지나지 않는다. 요리를 하고, 설거지를 하고, 빗자루로 쓸고, 물을 길어 나르고, 장작을 패는 동안 우리는 현재의 순간에 깊이 머물 수 있다.

우리는 음식을 먹기 위해 요리를 하지 않는다. 깨끗한 접시를 갖기 위해 설거지를 하지 않는다. 요리를 하기 위해 요리를 하고, 설거지를 하기 위해 설거지를 한다. 목적은 이 허드렛일을 빨리 해치우고 뭔가 더 의미 있는 일을 하기 위한 것이 아니다. 설거지를 하고 앞마당을 쓰는 것은 그 자체로 부처님의 경지에 이르는 길이다. 부처님의 경지는 절을 하고 오랜 시간 앉아 있는 것에서 오지 않는다. 선은 먹고, 숨 쉬고, 요리하고, 물을 길어 나르고, 화장실을 청소하는 일이다. 그리고 몸과 말과 마음의 모든 행위에 마음챙김이 깃들게 하고, 모든 잎새와 조약돌, 모든 쓰레기 더미, 마음이 집으로 돌아가게 하는 그 모든 것을 비추는 일이다. 요리와 설거지와 빗자루질과 장작 패기의 기술을 이해한 사람만이, 돈과 명예 그리고 권력이라는 세상의 무기에 웃을 수 있는 사람만이, 영웅으로서 산을 내려올 수 있다. 그와 같은 영웅은 흥망성쇠를 겪지 않고, 성공과 실패의 파도를 가로지를 수 있다. 그가 영웅임을 인식할 수 있는 사람은 거의 없다.

베트남에서는 봄을 알리는 미세한 첫 징후가 그 모습을 드러내고 있다. 조국이 아무리 더 깊은 한탄과 슬픔에 빠진다고 해도 봄은 언제나 희망의 메시지와 함께 올 것이다. 봄은 언제나 우리에게 계속 나아갈 희망을 준다. 이곳에는 푸르름의 기미가 없다. 내 집 창 밖에는 눈이 흩날린다. 하지만 봄은 올 것이다. 그리고 메마른 나무와 지금은 눈 아래 묻혀 있는 잔디밭은 다시금 찬란한 봄의 부드러운 초록 옷을 입을 것이다.

베트남 1964~1966

1964. 2. 5.

까우낀 마을

뉴욕에서 보낸 시간들이 그립다. 스티브와 나는 많은 기쁨과 슬픔을 함께 나누었다. 우리가 함께 보낸 시간을 결코 잊을 수 없다. 109번가에 있는 우리 아파트에는 이제 다른 누군가가 세 들어 산다. 스티브는 내가 떠날 때 그 말을 하지 않았지만, 나는 그 혼자 월세와 공과금을 감당할 수 없으리란 걸 알고 있었다.

나는 코코넛야자 잎으로 지붕을 만든 작은 건물에서 글을 쓰고 있다. 남베트남 전역에선 개울과 습지를 따라 늘어선 코코넛야자 나무를 볼 수 있다. 이 건물의 벽은 진흙과 짚을 섞어 만들었다. 스티브는 이런 벽을 한 번도 본 적이 없다. 집 짓는 사람들은 대나무 줄기를 벗겨 양쪽 끝을 간 다음, 네 기둥 주위에 격자무늬로 배열한다. 그런 다음 진흙을 짚과 함께 짓이

겨 격자 위로 구석구석을 샅샅이 채우며 펴 바른다. 나는 집 짓는 이들에게 그 반죽에 시멘트를 조금 섞어서 특별히 튼튼하게 만들어 달라고 부탁했다. 대나무 격자 벽을 덮고 나면 마지막에 진흙층을 덧보태어 그 위에 고르게 바른다. 진흙이 마르면 분필의 흰색처럼 변하여 매우 보기가 좋다. 오후의 바람이 거칠어질 수 있지만 이 아늑한 초가집이 바람을 막아준다.

지금은 이른 아침이다. 나는 창가에 앉아 떠오르는 태양이 스치고 지나간 논들을 바라보고 있다. 어린 소녀가 왼쪽 들판에 서 있다. 바로 앞에는 우거진 코코넛야자 나무가 축축한 소협곡을 따라 늘어서 있다. 오른쪽으로는 마을이 펼쳐져 있다. 나는 높고 건조한 땅에 있는 물소 우리를 본다. 이곳의 흙에는 백반이 많이 섞여 있고, 건조한 계절에는 강물에 소금기가 생긴다. 건기에 제대로 된 마실 물이 없는 것은 절박한 문제이다.

사이공이 10킬로미터밖에 떨어져 있지 않지만 이곳은 아주 평화롭고 고요하다. 나는 수업을 하나 하고, 어젯밤 늦게 사이공에서 돌아왔다. 마을에 있는 다리에 도착했을 무렵, 강을 따라 늘어선 코코넛나무 위로 보름달이 얼굴을 내밀었다. 마을로 느긋하게 걸어 들어올 때는 산들바람이 상쾌하게 불었다. 이런 마을들은 아직 전쟁으로부터 비교적 안전하다. 그저 가끔 멀리서 들려오는 총소리에 잠을 못 이룰 뿐이다.

이 마을은 베트남으로 돌아온 직후에 친구들과 함께 시작한 실험적인 개발 사업의 한 구역이다. 우리는 이곳을 '스스로 돕는 마을'이라고 부른다. 이곳은 스티브와 이야기 나누었던 공동체의 전형이 될 것이다. '스스로 돕는 마을'이라는 명칭은 이곳이 지역 경제 발전과 교육, 보건 의료를 위해 주민들이 집단적인 책임을 공유하는 마을이라는 생각을 담고 있다. 우리는 다른 누군가가 변화를 만들기를 바라며 기다리기만 하는 수동적인 낡은 태도를 뿌리 뽑기를 원한다. 우리는 마을 사람들과 더불어 살면서 시골 생활의 어려움을 기꺼이 배우려는 조직력 있는 친구들을 모집했다. 그리고 그들의 존재와 노하우가 마을 사람들의 스스로 결정하는 정신을 부추기기를 바란다. 마을 사람들은 우리를 가족으로 받아들였다. 내가 머무는 건물에는 네 개의 방이 있는데, 세 개는 마을 학교로 쓰이고, 하나는 진료소로 쓰인다. 이 건물은 우리 친구들의 격려와 지원 속에 마을 사람들이 계획하고 지었다. 현재 내 두 친구, 탐쫑과 탐 타이가 여기에 상주한다. 나머지 사람들은 가능한 한 자주 돌아온다. 우리는 마을 사람들로부터 배운다. 그리고 그들의 지지와 함께 우리 생각을 시험하려고 노력한다. 타오디엔(베트남 남부 호치민 시의 한 지역) 근처에 우리가 만든 또 다른 실험 마을이 있다.

스티브는 분명 이곳을 좋아할 것이다. 하지만 지금은 그가 오기에 적당하지 않다. 그는 미국에서 공부를 마쳐야 한다. 그는 베트남 문화를 깊이 이해하려고 사이공 대학교로 옮기는 것을 고려하고 있었지만, 나는 그가 컬럼비아에 머물고 거기에서 학위를 마치는 편이 좋다고 생각한다. 베트남의 상황은 뉴욕에서 스티브와 내가 우리의 계획에 대해 이야기를 나누던 때보다 훨씬 더 복잡하다. 사실 우리가 일군 마을에 미국인이 있다면 우리 노력에 방해가 될 것이다. 나와 친구들은 현재 상황에 대해 더 깊이 이해해야 한다.

화창한 오후에 사이공에 있는 탄손낫 공항에 도착했다. 방콕을 잠깐 경유하는 비행 일정이었지만, 짙은 안개로 방콕에 내릴 수 없어 기장은 바로 사이공을 향해 비행했다. 비행기가 착륙하고 엔진이 조용해지자 가슴이 두근두근거렸다. 프엉보이가 겨우 2백 킬로미터 떨어진 곳에 있었다. 차로 네 시간만 달리면 몇 달 동안 우리를 보호하고 길러주었던 산의 숲에 가 닿고 부드러운 구름에 안길 수 있었다.

3년 가까이 외국에 있다가 마침내 집에 돌아왔다. 익숙한 풍경들 덕분에 다시 기운을 찾았지만, 시내로 향하는 차 안에서 내 조국이 얼마나 낙후되었는지 보았다. 우리는 사람들로 가득 찬 낮은 지붕의 집들과 자전거 택시의 페달을 밟고 있는 허리가 굽은 노인을 지나쳤다. 찢어진 셔츠 사이로 등이 훤히 드러난 노인이 낡은 택시를 가까스로 힘겹게 움직이는 모습을 보았다. 손님은 없었고, 그는 아픈 근육을 풀기 위해 체중을 이쪽저쪽으로 옮기며 한 발로만 페달을 밟았다. 이윽고 한 손님이 그에게 손짓을 했다. 그가 멈추자 손님이 택시에 올라탔고, 노인은 똑바로 앉아서 페달을 빨리 밟았다. 맨발에 벌거벗은 아이들이 쓰레기 더미와 사탕수수 주스 장수 그리고 모터에서 다친 동물이

내는 것 같은 소리가 나는 오토바이에 둘러싸인 거리에서 놀고 있었다.

우리는 사이공으로 들어갔다. 몇몇 미국식 고층 아파트가 거리를 따라 제멋대로 우뚝 서 있었다. 시골에서 온 피난민들이 전쟁을 피해 도시로 쏟아져 들어왔다. 나는 이런 광경에 불안을 느꼈고 베트남이 역사적으로 아주 심각한 상태에 접어들었다는 것을 인식했다. 친구들과 나는 이 나라 사람들이 새로운 길을 개척하는 걸 돕기 위해 무엇을 할 수 있을까?

그날 밤 쭉람 사원에서 몇몇 젊은 친구들을 만나 여러 가지 일에 대한 슬픈 설명을 들었다. 마음이 참담했다. 군부는 나라를 발전시키는 데 국민 감정의 고조된 흐름을 이용하지 못했다. 고위층 불교 승려들은 사람들이 바치는 존경과 찬사에 눈이 멀어서 무사안일의 상태에 빠져 있었다. 불교 수행 그 자체가 위험에 처했다. 하지만 사람들은 대부분 그 위협을 눈치채지 못했다. 불교의 가르침이 사람들을 격려하고 하나로 묶어내는 힘을 갖고 있다는 것을 알고 있었던 지식인과 학생들은 승려들에게 접근했지만, 그들의 안일함에 실망했다. 그와 동시에 자신의 의제를 확장하는 데만 관심이 있는 야심찬 정치인들이 승려들의 지지를 얻기 위해 사원으로 모여들었다. 지식인과 학생들은 불교 지도층에 점점 더 환멸을 느꼈다. 베트남 불교는 2천 년 역사를 가졌건만, 사회를 옥죄고 있는 올가미에서 벗어날 길을 제시하지 못했다.

그날 밤 내내 친구들의 이야기를 들었고, 그들의 마음을 편안하게 하고자 최선을 다했다. 그리고 낙담하지 말라고 말했다. 비록 우리의 수는 적을지 모르지만 마음은 강하다고 말했다. 우리는 반죽을 발효시키는 이스트 역할을 해야 한다. 우리는 희망과 두려움을 함께 나누었다. 베트남으로 돌아오기 전에도 며칠간 파리에 있는 베트남 친구들과 비슷한 모임을 가졌고, 그 때문에 완전히 녹초가 되었다. 나는 다음 날 낮과 밤 내내, 그리고 그 다음 날 아침까지 계속해서 잤다. 마침내 깨어났을 때 또안이 나를 위해 아침을 준비해 주었다.

그날 오후 또안과 함께 쭉람 사원 경내를 거닐며 내가 없는 사이 친구들이 일군 사업에 대한 설명을 들었다. 그날 밤 우리는 일의 원칙과 목적을 정하기 위해 두 번째 모임을 가졌다. 그 다음 날 아침, 작은 배낭 하나만 지고 혼자 프엉보이로 떠났다. 버스를 탔고 도시를 벗어난다는 사실에 안도감을 느꼈다. 버스는 숲과 고무나무 농장을 지났다. 그리고 딘꽌에서 한 번 쉰 다음, 산의 협곡을 가로질러 마침내 브수당글루 숲이 나타날 때까지 달렸다. 우뚝 솟은 다이 라오 산이 인사를 건넸다. 나는 운전기사에게 190번 고속도로 언저리에서 내려달라고 부탁했다. 버스에서 내린 다음 배낭을 어깨에 둘러메고 옛길을 천천히 걸어 올라갔다.

나는 다이하 아저씨의 고무나무 농장을 지나 큰 도로를 벗어나 숲으로 향했다. 아무도 보이지 않았다. 다이하 아저씨의 농장은 버려진 듯 보였다. 아저씨와 가족들이 더 안전한 곳을 찾아 시내로 이사를 갔는지 궁금했다. 아저씨의 집을 지날 때 부엌문 안을 흘끗 보았는데, 찬밥이 담긴 솥과 어지러이 널린 그릇들이 탁자 위에 있었다. 아마도 다이하 아저씨가 일꾼 몇 사람을 고용해서 집과 정원을 봐달라고 부탁한 것 같았다. 어쩌면 일꾼들을 찾을 수 있을 것 같아 손을 모아 입에 대고 몇 번이나 불렀다. 하지만 아무 응답도 없었다.

두 번째 비탈길을 가로질렀다. 한때는 익숙했던 길에 풀이 완전히 웃자라 있었고, 이상하게 황량했다. 심지어 숲조차도 비밀스럽고 위협적이었다.

나무 사이를 지나 마지막 비탈을 오르기 시작했다. 매화교가 눈앞에 나타났다. 다리의 나무판자 몇 개가 부러져 있었다. 그래서 발을 조심스럽게 내딛어야 했다. 다리 건너편에 명상의 기쁨 오두막으로 가는 길이 있었다. 3년 전과 변함없이 마음을 사로잡는 아름다운 오두막의 모습에 놀랐다. 누군가 그것을 보살펴오고 있었다. 그 길을 따라가며 그게 누구일까 생각했다. 그런데 길이 꺾어지는 곳에서 고개를 들어 위를 바라보곤 깜짝 놀라고 말았다. 명상의 기쁨 오두막 옆에서 응우옌홍이 낫을 들고 나를 내려다보고 있었다. 진짜 응우옌홍이었다. 우리는 동시에 서로를 알아보았다. 그러고는 서로의 이름을 소리쳐 부르며 서로를 향해 달려갔고, 비탈길의 중간에서 만났다.

나는 응우옌홍에게 프엉보이에서 뭘 하고 있었는지 물었다.

그는 달랏에 있지 않았던가? 그는 내가 사이공에 도착했다는 소식을 듣고 바로 프엉보이로 향했다고 했다. 홍은 내가 다른 사람의 경고에 아랑곳하지 않고 기어이 프엉보이를 찾아오리라는 것을 알고 있었다. 그를 다시 만나 정말 놀랐고, 기뻤다. 오래전 우리는 여기에서 다시 만나자고 약속을 했었다.

알고 보니 홍은 그저께 도착했다. 그리고 매화교에서 본채에 이르는 길을 말끔히 치웠다. 그는 내가 프엉보이의 쇠락하고 버려진 모습을 보고 받을 충격을 줄여주고 싶었다. 홍이 아래에 있는 나를 보았을 때, 그는 명상의 기쁨 오두막 주변 덤불을 열심히 치우고 있었다.

몽타나드의 집은 사고로 전소되었는데, 어떤 몽타나드인 농부가 작물을 심기 위해서 숲을 태우다가 그만 불길이 번지고 말았다. 몽타나드 언덕에 올라 여기저기 흩어져 있는 잿더미와 불탄 나무들을 살펴보았다. 가슴이 무거웠다. 우리가 오래도록 평화로운 시간을 보냈던 이 아름다운 곳에 남은 것이라고는 재뿐이었다. 나는 "평화가 다시 찾아오면 몽타나드의 집을 다시 지어요"라고 선언하듯 말했다. 홍은 동의하며 고개를 끄덕였다. 우리는 언덕을 걸어 내려오며 옛날의 추억이 깃든 모든 곳을 둘러보았다. 프엉보이는 우리를 실망시키지 않았다. 마치 우리가 돌아온 것을 알리는 듯 장미 덤불 위에 고혹적인 장미 세 송이가 피어 있었다. 본채 구석에 있는 미모사 나무는 키가 많이 자랐고 생기 넘치는 초록색을 띠고 있었다. 내가 심은 소나무는 크고 우람했다.

우리는 명상의 숲으로 천천히 걸어갔다. '다이 라오 산, 프엉 보이 암자'를 알리던 표지가 여전히 남아 있었다. 글자 색이 바래거나 희미해지지 않았다. 6년이 지났는데도 벗겨지지 않다니 정말 좋은 페인트였다. 솔방울을 주으려 허리를 굽히자 찌에우 꽃 향기가 풍겼다. 우리는 한심한 상태이던 불단에 바치기 위해 눈처럼 흰 그 꽃을 한 아름 꺾었다. 한동안 아무도 불단을 돌보지 못했기에 불단에는 먼지와 나뭇잎이 수북하게 쌓여 있었다.

부러진 나뭇가지를 주워 불단을 쓸고 수묵으로 그린 빛바랜 불상 앞에 꽃을 올렸다. 프엉보이는 너무 오랫동안 비어 있었다. 문과 창문들은 일부러 열어두고 간 채 그대로 있었다. 침입자들이 문을 부수지 않도록 일부러 열어두었다. 우리는 명상실에서 오랫동안 고요히 무릎을 꿇고 있다가 뒤에 있는 문을 살짝 닫고 조용히 밖으로 걸어 나갔다. 프엉보이의 '황금기'는 끝났다. 몽타나드 언덕 꼭대기에 있던 섣달그믐의 모닥불, 전사처럼 옷을 차려입고 나섰던 산행, 시를 낭송하거나 도전 정신과 사회에 대해 토론하던 수많은 저녁이 모두 사라졌다. 홍과 나는 아무 말도 하지 않았다.

벽에 검은 숯으로 휘갈겨 쓴 낙서가 있었다. 전쟁을 하는 양쪽 진영의 슬로건이었다. 홍은 매화교 근처에서 격렬한 총격이 있었고, 그곳에 시체 몇 구가 남았다고 했다. 또 다른 소규

모 충돌이 이어지자 다이하 아저씨는 가족을 시내로 데려가기로 했다. 근방의 전략 마을에는 너무 가난해서 그들에게 주어진 변변찮은 땅조차 버리고 갈 수 없던 사람들만 남았다.

프엉보이는 버려졌다. 책과 가구는 다이하 마을로 옮겼다. 본채에는 사람들이 불을 피우고 밤을 보낸 흔적이 남아 있었다. 나는 스티브에게 편지를 썼고, 우리와 함께 살기 위해 프엉보이에 오리라는 꿈을 접으라고 했다. 프엉보이의 날들은 끝났다. 텅 빈 프엉보이는 전쟁의 흉터가 남아 참혹했다. 엷은 안개가 낀 아침과 청량한 저녁의 프엉보이는 버려진 둥지 같았다. 새들은 모두 날아가 버렸다. 그들을 돌아오기를 원하지만 비바람이 그들을 돌아오지 못하도록 막고 있다.

홍과 나는 연못 옆에 앉아 해 질 녘까지 이야기를 나누었다. 위험의 기미는 없었지만 불안했다. 홍은 어둡기 전에 내려가서 다이하 마을로 돌아가야 한다고 했다. 산을 내려가며 배낭에 싸 갔던 찹쌀떡을 홍과 나누어 먹었다. 다이하에서 바오록으로 가는 버스를 탔다. 거기서 그다음 날 사이공으로 돌아가기 전에 하룻밤을 보냈다.

프엉보이를 향한 우리의 그리움이 너무도 커서 우리 몇몇은 몇 달 뒤 다시 그곳을 찾아갔고, 정부군에게 체포되고 말았다. 몇 시간 뒤에 풀려났지만 다시는 프엉보이에 찾아갈 엄두를 낼 수 없었다. 프엉보이는 조용히 혼자 견뎠다. 버려진 다른 수많은 마을과 산, 강 들은 전쟁을 묵묵히 견뎠다. 전쟁은 매일 매일 더 격렬해진다. 전쟁이 끝나기를 염원하지 않는 생명체는 단 하나도 없다. 전쟁은 대지에, 모든 사람의 가슴에 상처를 준다. 우리 가슴속에 남은 프엉보이의 이미지조차도 상처가 된다.

오늘은 일요일이라 '로시뇰(나이팅게일)'이라고 불리는 마을 학교가 문을 닫아, 나는 종일 '스스로 돕는 마을'에 있을 것이다. 마을 진료소는 '사랑 진료소'라고 불린다. 오늘은 다른 자원봉사자들과 함께 마을 사람들이 필요로 하는 것에 대해 좀더 알아보려 한다. 우리는 시골의 발전을 가져올 효과적이고 적합한 수단을 찾기 위한 사업에 깊이 헌신하고 있다. 시골의 삶을 나아지게 하려는 노력에 베트남의 미래가 달려 있다. 독립과 주권은 베트남이 스스로의 힘으로 설 수 있을 때 비로소 확고해진다. 우리는 안정적이고 자급자족적인 경제로 나아가야 한다.

베트남은 자원이 부족하지 않다. 저지대와 산악지대에는 개발을 기다리는 자원들이 많이 있다. 우리는 농경 자원을 개발하기 위해 많은 노력을 기울여야 한다. 이제 막 개발되기 시작한 기술은 천연자원에 의존한다. 베트남의 산업이 첫 번째 잠정적인 단계를 넘어서기 위해서는 우리 고유의 원료를 사용하고 우리가 생산한 제품을 소비해야 한다. 그런 방식을 통해서만이 외국산 제품을 사는 데 자본을 낭비하는 것을 막고, 베트남의 새로운 산업을 발달시키는 데 제대로 투자할 수 있을 것이다. 우리는 농업을 발전시키기 위해 기술과 효율적인 시장의 경험을 배워야 한다. 농업의 진보는 보건 의료, 교육 그리고 자치의 문제와 분리할 수 없다. 모든 사람들의 이해와 노력 속에 진정한 진보가 이루어진다.

농부들은 수십 년 동안 정치인들에게서 끝도 없는 약속을 들어왔다. 하지만 그들의 삶은 변하지 않았다. 이제 전쟁이 그들의 논을 파괴했고, 생계와 안전을 빼앗았다. 경제는 매일 점점 더 쇠약해진다. 경제가 완전히 망가지는 것을 미국의 원조가 가까스로 막아주고 있지만, 그런 과정은 베트남을 점점 더 의존적인 나라로 만들고 있다. 전쟁은 많은 것들을 파괴했다. 거기에는 우리나라가 자신의 두 발로 설 수 있는 경제적인 능력도 포함된다.

동·서양인이 대화를 나눌 때 겪는 어려움에 대해 스티브와 내가 했던 토론을 기억한다. 나는 종종 내 생각과 감정을 스티브가 이해할 수 있도록 표현하는 것이 어렵다고 느꼈다. 프랑스 사람들은 베트남 사람들과 거의 1백 년 동안이나 함께 살았다. 심지어 베트남의 역사와 문화를 연구하는 프랑스 극동 연구소라는 특수학교도 있었지만, 베트남 문화에 대한 프랑스 사람들의 이해는 여전히 피상적이다. 그러니 어떻게 미국인이 이보다 훨씬 더 짧은 시간 안에 베트남을 잘 이해하기를 바랄 수 있겠는가? 미국 사람들은 통계와 기술 산업을 신뢰하지만 그들의 방식이 여기서는 통하지 않는다. 이곳 마을에서 유용한 방법은 서양 대학교에서 가르치는 방법과 상이하다. 이곳에서 성공할 가능성이 전혀 없는 사업에 돈을 쓰는 것을 정당화하기 위해 논문과 연구 그리고 통계가 인용된다. 베트남 정부 관료들은 제일 꼭대기에 있는 장관부터 하위 관료에 이르기까지 오직 자기 주머니에 횡령하는 것에만 관심이 있다. 그들은 자신들의 부패가 탄로 나는 것에 대해서는 관심조차 없다.

나는 스티브가 이런 상황을 이해할 수 있도록 그에게 편지를 썼다. 몇 년 동안 디엠 대통령이 농부들에게 했던 사탕발림의 약속들, 이루지 못한 다짐들이 어떻게 농부들의 불신을 낳았는지를 설명했다. 그들은 번번이 이용당하고 조종당했다. 그들은 자신들을 '돕기' 위해 파견된 어떤 정부 관료도 믿지 않는다. 그들은 공무원들 대부분이 오직 많은 월급을 받기 위해서 '가난과의 전쟁'으로 싸우는 군인이 된 것을 알고 있다.

이 정부의 공무원들은 번드르르한 도시인같이 차려 입고 나타나서는 시골 마을이나 전략 마을에서 두세 시간을 보낸다. 그들이 이 시간 동안 하는 일이라고는 그저 정부의 선동을 퍼뜨리는 것뿐이다. 그들은 현실과 완전히 동떨어져 있고 사람들을 돕겠다는 바람이 전혀 없다. 그들의 말과 행동은 불쾌할 뿐이다. 그들 중에 어떤 이들은 사람들에게 두려움을 주기 위해 총을 휙 꺼내 보이며 새를 쏘기까지 한다. 하지만 정작 그들은 너무 무서워서 시골에서 밤을 보내지도 못한다.

해방전선 요원들은 더 지혜롭게 행동한다. 그들은 농부들처럼 검은색의 수수한 옷을 입고 민중들과 '세 가지를 함께'한다. 즉 먹는 것, 사는 것 그리고 일하는 것을 더불어 한다. 그들은 요리를 하고, 빗자루질을 하고, 설거지를 하고 농부들 곁에서 벼를 수확한다. 그들은 밤새 머물며 관심사를 토론한다. 이런 이유로 정부군은 민족해방전선에 맞선 전투에서 매일 패배하고 있다.

미국 고문들은 전략적인 마을을 믿고 대단히 중요하게 여긴다. 하지만 그것들은 오직 이론으로만 의미가 있다. 전략적인 마을은 실제 상황에서는 모든 것을 파괴한다. 미국인들은 돈의 힘을 너무 믿는다. 그리고 디엠 대통령도 독재자의 힘을 너무 믿는다. 전략적인 마을을 조직하는 진짜 이유는 사람들을 '방어'할 수 있는 중앙으로 모아 통제한다는 의미이다. 의심이 가는 지역을 제일 첫 번째 전략적인 마을로 조직하였다. 어느 날 마을 사람들은 어떤 것도 가지지 말고 집을 떠나라는 명령을 받는다. 군인들이 젊은이와 노인, 여자와 남자를 모으고 특정한 구역으로 그들을 끌고 갔다. 사람들은 그곳에서 조그만 땅, 오두막을 지을 자재 그리고 첫 번째 수확을 할 때까지 버틸 돈을 받는다. 군인들은 무기 은닉처나 해방 전사들과의 연결 고리를 모조리 없애버리기 위해 옛날 마을을 송두리째 불태워버렸다. 마을 사람들은 조상의 집이 화염 속으로 사라지는 것을 보면서 공포에 질린다. 그리고 소리치며 항의한다. 모든 농부의 집에는 비록 소박하지만 다른 어떤 것과도 바꿀 수 없는 물건, 이를테면 향로, 제사상, 유언장, 사랑하는 사람에게서 받은 소중한 편지 같은 것들이 보관되어 있다. 어떻게 돈으로 그런 것들을 대신할 수 있는가? 사람들은 비틀거리면서 새로운 구역으로 가고, 정부 요원들의 명령을 따르도록 강요당하며 "새로운 삶을 시작한다." 그들은 치욕을 겪고 약탈당한다.

이론상 마을 사람들은 이제 '안전'하다. 하지만 베트콩은 그것에 쉽게 속지 않는다. 그들은 유니폼을 입은 채 돌아다니지 않으며, 마을에 들어와 다른 마을 사람들과 함께 섞여서 산다. 그러다가 어느 날 아침 누군가가 마을 회관에서 지뢰를 발견한다. 그것은 모조품일 뿐이지만, 베트콩의 상징이다. 마을을 둘러싼 가시 철망은 더 이상 아무런 의미를 갖지 못한다. 가짜 지뢰는 강력한 위협이 된다. "우리가 여기에 있다. 그러니 조심하라." 그 마을의 거짓된 안전은 이내 흐트러지기 시작한다. 전선이 어디에 있는지조차 모르는데 어떻게 총탄이 있는 전쟁을 이길 수 있는가?

전략적인 마을은 사회적인 의제가 아니라 정치적인 의제를 위해 만들어졌다. 바로 그런 이유로 사람들은 농부의 삶의 질을 개선하기를 바란다는 정부의 선동을 무시한다. 친구들과 나는 우리나라를 재건하기 위한 운동이 반드시 완전히 다른 토대 위에 세워져야 한다고 확신한다. 우리는 가난, 무지, 질병 그리고 잘못된 이해와 전쟁을 시작하고 싶다.

우리는 베트남 남부와 중부에 있는 칸호아 그리고 툭티엔 두 곳에 실험적인 마을을 만들었다. 처음에는 이곳 마을 사람들이 우리를 의심의 눈초리로 보았다. 그들은 거리를 두었고, 돌처럼 차갑게 대했다. 우리의 동기를 그들에게 설득하려는 그 어떤 시도도 쓸모없었을 것이다. 그들은 이미 너무 많은 '사회 혁명'을 겪어왔다. 우리는 겸손하고 성급하지 않으려고 최선을 다했다. 얼마 지나지 않아 우리를 대하는 마을 사람들의 태도가 바뀌기 시작했다. 그들이 우리 미소에 진심이 담긴 미소로 응답하자 우리는 큰 용기를 얻었다. 그들은 우리에게 마음의 문을 열기 시작했다. 아이들을 위한 소박한 학교를 세우는 것 같은 우리가 하고 있던 사업에 참여하기 시작했다. 그들이 마음의 문을 열자, 우리의 노력이 백 배 더 효과를 발휘했다. 그들이 마을을 발전시키기 위한 사업을 계획하고 실행하기 위해서 함께 일하기 시작했을 때, 우리는 이 사람들이 얼마나 능력이 뛰어난지를 알게 되었다. 베트남 도처 작은 시골 마을에 사는 사람들은, 아직 손대지 않은 이 나라의 가장 위대한 자원이다.

하지만 베트남은 갈라졌다. 전쟁은 믿음과 희망 그리고 과거의 모든 생산적인 노력을 모두 파괴했다. 사람들은 선한 의도를 가진 모든 행동과 약속된 모든 것을 의심했다. 종교는 통합과 사회적 책임에 영감을 줄 수 있는 유일하게 남은 기관이었다. 우리는 큰 변화를 가져오기 위해 우리가 가진 영적 유산의 자원을 이용해야 한다. 불교는 이 일에 기여할 만한 것을 많이 가지고 있지만, 불교 지도층이 행동하기를 기다리고 있을 수만은 없다. 그들은 변화를 주저한다. 그리고 참여 불교를 만들려는 우리의 노력을 계속해서 거부했다. 우리의 제안은 책상 위열어보지도 않은 서류철 안에 먼지를 뒤집어쓴 채 들어 있다. 그러므로 나와 친구들은 우리의 자원에 의존하여 먼저 사람들의 지지를 얻고, 결국 불교 지도층의 지지도 얻을 것이다. 사람들의 이해와 지지를 얻는 것이 다른 어떤 것보다도 중요하다.

우리는 이제 스스로 돕는 마을을 일구는 데 도움을 줄 수 있는 자원봉사자의 인프라를 갖추게 되었다. 그들은 사회적 관심사와 종교적 가르침을 두루 잘 알고 있다. 그리고 가난, 질병, 무지 그리고 잘못된 이해와 맞서 싸울 수 있는 효과적인 방법을 이해한다. 그들은 급여나 권한을 위해서 일하지 않는다. 그들은 사랑과 자각으로 일한다. 자립 정신이 그들에게 동기를 불어넣는다. 그들은 스티브나 응우옌홍과 같은 젊은이들이다. 그들은 평화를 사랑하고 깊은 믿음을 가지고 있다. 그리고 물질주의에 바탕을 둔 삶을 거부한다. 그들은 섬김의 삶이 가져다 줄 행복을 찾을 뿐이다. 그들은 성공할 수 있는 올곧은 정신을 가졌다.

베트남에는 그런 젊은이들이 많이 있다. 그런 사람들이 수만 명, 어쩌면 수십만 명 있을 것이다. 그들의 눈은 믿음으로 빛난다. 몇 달 있으면 우리는 사회봉사청년학교를 열 것이다. 그것은 공동체를 일구는 일꾼들을 훈련 시키는 새로운 종류의 대학이다. 직원들은 유능한 젊은이들로 꾸려져 있으며, 모두 시작을 간절히 기다리고 있다. 우리는 돈이 없지만, 계획과 선한 뜻 그리고 많은 에너지가 있다.

1964. 3. 20.

사이공

스티브가 보내온 전보의 내용은 충격이었다. 안톤 체부가 세상을 떠났다. 나는 좋은 친구를 이리 빨리 잃을 줄은 상상도 하지 못했다. 뉴욕을 떠날 무렵 매우 바쁘고 시간이 없어, 그에게 전화로 작별을 고해야 했다. 그는 베트남의 상황이 곧 나아져서 내가 뉴욕으로 돌아와 우리가 종종 토론하던 과제를 완성할 수 있기를 바란다고 말했다. 그것은 컬럼비아에 베트남학과를 여는 일이었다. 그 아이디어는 조국을 위해 봉사하는 또 다른 방법이 될 것이기에 무척 매력적이었다. 컬럼비아에는 이미 일본학과, 중국학과, 한국학과가 있고, 이제 그 관심이 베트남으로 향하고 있다. 우리가 이 계획에 대해 토론할 때마다 활기가 넘치던 그의 얼굴과 빛나던 눈동자를 기억한다. 안톤은 떠났다. 그리고 베트남학과는 생기지 않을 것이다. 우리를 지지하던 기

등을 잃었다. 안톤은 파리의 동양어연구소에서 공부했고 베트남어를 읽을 수 있었다. 나는 그의 발랄하고 느긋한 성격을 좋아했다. 여기 앉아 있으니 그의 이미지가 마음에 선명하게 떠오른다. 수많은 미완의 과업 — 아직 발표되지 않은 연구 논문, 원고, 문헌 — 을 남겨둔 채 안톤이 죽었다. 나는 누군가가 그의 논문을 살펴보고 출판을 준비할지 궁금하다.

12월, 뉴욕을 떠나기 직전에 안톤은 내게 미국에 머물라고 조언했다. 그는 아직 내가 돌아가기에 적당한 때가 아니고, 사이공에서 내 생각을 펼치는 데 꼭 필요한 지지를 얻지 못할 것이라고 했다. 결국 프엉보이와 친구들의 부름이 이겼다. 안톤이 수술 뒤에 활기차 보였기에 나는 그의 건강을 걱정하지 않았다. 심지어 나는 그가 녹초가 될까봐 말을 하지 않도록 설득해야 했다. 그날 방문했을 때 안톤은 내게 자기가 갖고 있던 응우옌동찌의 《고대 베트남 문학 연구》사본을 주었다. 나는 마지막 전화 통화를 할 때 "몇 년 안에" 뉴욕으로 돌아오겠다고 약속했다. 이제 그는 떠났다. 스티브와 그의 모든 제자들이 그를 얼마나 사랑했는지 안다. 이들 중 열두 명은 그가 병원에 입원한 날 헌혈을 서약했다.

봄이 막 오려던 참인데 안톤은 무엇이 그리도 급했을까? 그는 정녕 가지에 꽃망울이 터질 때까지 기다릴 수 없었을까? 아마도 그에게는 겨울이 너무 길었나 보다. 지난해에는 아주 많은 변화가 있었다. 나는 스티브를 생각하고, 안톤이 세상을 떠났다는 체부 가족의 전화를 받았을 때 그의 얼굴을 익히 상상할 수 있었다. 수술은 성공적이지 않았다. 아시아학과 사람들 모두가 그의 죽음을 애도할 것이다. 미리암이 아마 내게 곧 편지를 보낼 것이다.

비록 체부 교수는 떠났지만, 나는 스티브가 자신이 시작한 길을 계속 갈 것이라고 믿는다. 스티브에게 산스크리트어와 한문 공부를 그만두지 말라고 조언했다. 언젠가 그와 나는 함께 작업할 것이다. 안톤의 죽음으로 스티브가 낙담하지 않기를 바란다. 나는 여전히 여기에 있다. 그리고 스티브에게 정기적으로 편지를 쓸 것이다.

스티브에게 줄곧 지금은 어디서 밥을 먹는지, 누가 요리를 하는지 물어보고 싶었다. 여기에서 나는 가끔씩만 요리를 한다. 다른 할 일이 아주 많기 때문이다. 홍과 나는 작은 거주 공간을 함께 쓰고 밥도 같이 먹는다. 홍이 요리에 소질이 많다 보니 내가 게을러졌다. 그러지 말아야 한다는 것을 알지만, 홍은 불평을 하지 않는다! 홍은 지난 3년 사이 아주 많이 성장했지만 여전히 농담하는 것을 좋아한다. 그의 익살스러운 행동이 사실 많은 위안을 준다. 이곳 베트남의 상황이 얼마나 힘겨운지는 말로 전하기가 어렵다.

프엉보이의 세 마리 새들 — 홍, 푸, 그리고 만 — 이 우리의 새로운 노력에 동참했다. 리는 가까이에 살지만 신문을 펴내느라 너무 바빠서 딴 일을 할 짬이 거의 없다. 그는 여전히 프엉보이에서 즐겨 입던 갈색 농부 셔츠를 입는다. 그는 어쩌다가 한 번씩 들르지만 담배 반 개피를 피우는 데 걸리는 시간 이상은 결코 머물지 않는다. 일주일 전에 그의 신문이 당국에 의해 발간을 정지당했다. 하지만 리는 항복하지 않았다. 현재의 정치적 상황에서는 구독자가 얼마인가와 무관하게, 어떤 독립 신문도 오래 버티지 못한다. 가끔 리는 내게 돈이 필요한지 묻는다. 나는 그에게 돈이 없어도 가난하지 않다고 말한다. 나는 바쇼芭蕉(일본 에도시대의 하이쿠 시인. '하이쿠의 성인'이라고 불리며 일본 하이쿠 역사의 최고봉으로 손꼽힘)의 하이쿠를 바꾸어, '비록 전기가 끊겼을지라도 달은 여전히 내 창문에 비친다'고 말한다. 리는 웃으며 주머니에서 지폐 몇 장을 꺼내어 내게 건넸다. 그러고는 최근에 자기 신문에 내 글을 실었기 때문에 주는 돈이라고 주장했다. 나는 그가 어떤 글을 말하는지 알 수 없지만, 그의 행동을 거절하지 않는다.

홍과 나는 잠시 반한 대학교Van Hanh University에 머물고 있다. 이 불교 대학은 신설된 곳이라 건물을 지을 시간이 없었다. 시내의 몇몇 사원이 대학의 사무실과 교실로 쓰라고 공간을 빌려주었다. 우리가 머무는 '아파트'는 팝호이 사원의 2층에 있다. 팝호이 사원은 사이공의 가난하고 홍수가 잘 나는 동네에 있다. 이 사원은 반한 대학교에서 가장 중요한 사무실 역할도 한다.

반한은 특이한 대학교이다. 거기에는 보통 고등교육 기관 하면 연상되는 그 어떤 두드러진 표시도 없다. 비가 내릴 때 학생들은 교실에 가기 위해 팝호이 사원 입구에 줄지어 선 시장 좌판들—마른 생선부터 고구마까지 온갖 것을 다 파는—을 뚫고 꾸불꾸불 돌아 웅덩이를 헤치고 걸어야 한다. 학장의 거주 공간과 사무실은 세 개의 작은 방으로 이루어져 있는데, 이는 후에 대학교 학장의 5성급 호텔 공관과는 차이가 컸다. 하지만 이 위치에는 나름의 편리함이 있다. 그저 문밖으로 나가기만 하면 아침거리를 살 수 있어서 요리를 해야 하는 번거로움을 피할 수 있다. 몇 피아스터만 주면 바나나 잎으로 싼 1인분의 넉넉한 찰밥과 콩을 살 수 있다. 우리는 그냥 젓가락만 가져오면 된다. 보라, 아침이 차려졌다. 마찬가지로 몇 피아스터만 주면 여전히 김이 모락모락 나는 삶은 감자도 살 수 있다. 그리고 매일 아침마다 사원 관리인은 아침식사와 함께할 수 있도록 큰 통에 차를 담아 내어준다.

이곳 사람들은 모두 일찍 일어난다. 뉴욕 같지 않다. 뉴욕 사람들은 늦게 자고 늦게 일어난다. 사원이 스님들의 처소와 붙어 있기 때문에 우리는 첫 범종 소리와 스님들의 독경 소리를 들으면 일어난다. 여명이 밝아올 때 나는 골목을 마주한 창문을 연다. 그 시간이면 가로등이 희미한 빛을 던지고, 가장 빨리 나온 상인들은 이미 왔다가 갔다. 한 가로등 아래, 절 담장 가까이에 후띠에우(베트남의 쌀국수 요리. 1950년대 베트남 남부 지방에서 아침이나 저녁으로 즐겨 먹음)를 파는 여인이 서 있다. 후띠에우는 국물이 있는 국수다. 신선한 숙주나물과 함께 나오는데 남쪽 지방에서 아주 인기가 많다. 이모 — 나는 그녀의 이름을 모르기에 그렇게 부른다 — 는 밤에 큰솥 가득 국물을 끓인다. 수레의 짐판에 온갖 물품을 싣고 시장으로 나가기 전에 국물을 데우려면 반드시 3시에 일어나야 한다. 국물을 계속 매우 뜨겁게 유지해야 한다. 그래서 석탄불을 지핀 솥을 가져간다. 그녀는 국물을 퍼서 손님의 그릇에 담을 때에만 솥뚜껑을 연다.

매일 아침 이모가 탕면을 준비하는 모습을 내려다볼 때면 내 마음은 설명할 수 없는 평온함으로 가득 찬다. 이모의 손님 가운데에는 길 건너편에서 오는 세븐 아저씨가 있다. 그는 일하러 가기 전에 카페오레 한 잔에 적신 빵보다 후띠에우 먹는 것을 더 좋아한다. 또 옥수숫대에 붙은 그대로 구운 옥수수를 파는 여인은 아침 식사로 자기 옥수수를 먹는 게 싫증이 나서 국수를 먹는다. 엄마나 언니가 사주는 국수를 먹는 학생들도 있다. 그리고 시장에서 산 물건들로 라탄 바구니를 채운 주부 손님도 있다. 뜨거운 음식과 차가운 음식을 파는 상인들은 팝호이 사원 근처의 골목 시장에서 자리싸움을 한다. 그런 다음 서로의 음식을 사는데, 자기 음식이 특별하다고 생각하지 않기 때문이다.

이모의 손님들은 약 1미터쯤 되는 커다란 나무 상자 앞에 있는 낮은 의자에 앉는다. 그녀는 매일 장사를 마치고 짐을 싸서 떠날 때 그것을 사원 담벼락에 기대어둔다. 나는 아무도 그녀의 상자를 훔쳐 가지 않을 거라고 짐작한다. 그 상자는 너무 낡고 오래되었기 때문이다. 어쩌면 근처에서 중국 약초를 파는 리우 아저씨가 이모의 나무 상자를 잘 지켜주기로 한 것인지도 모르겠다. 어떤 경우이든, 비가 오나 해가 뜨나 그 상자는 1년 사계절 내내 늘 사원의 담장에 기대어 있다. 손님들이 받는 그릇의 크기는 그들이 내는 돈의 액수에 따라 달라진다. 이모의 음식 가격은 대단히 합리적이다. 1피아스터로는 작은 밥공기 크기의 1인분을 살 수 있다. 그리고 3이나 6피아스터면 큰 그릇이다. 어떤 손님들은 한 그릇 또 한 그릇, 그렇게 두세 그릇을 사기도 한다. 이모는 뜨거운 국물을 퍼 담기 전에 각각의 그릇에 상추, 숙주 그리고 국수를 담아둔다. 왼손으로는 김이 모락모락 나는 솥의 뚜껑을 열고, 오른손에는 큰 국자를 든다. 이모는 가장 작은 공기에도 국물을 두 번씩 퍼준다. 첫 번째 국자는 대개 맑은 국물이고 두 번째 국자에는 언제나 고기 한두 점이 들어 있다. 심지어 1피아스터의 그릇에도 작은 고기 한 점이 빠지지 않는다. 만일 두 번째 국자로 퍼줄 때 고기 한두 점이 더 들어가면 이모는 손목을 가볍게 흔들어 그것들을 다시 솥 안으로 돌려 넣는다. 그녀의 세심한 재료 배분은 내가 사원에서 1백 명의 스님들을 위해 국을 끓이던 시절을 떠올리게 한다. 각각의 구리 솥에서 국 50그릇이 나와야 했다. 그리고 모든 그릇에 공평하게 야채와 국물을 나눠 담아야 했다. 그 일은 한 종류가 아니라 여러 가지 다른 종류 — 잭프루트, 녹색 채소 또는 버섯 — 의 수프를 끓여야 했기에 매우 복잡한 과정이었다. 후에

(유네스코 세계 문화유산에 지정된 베트남의 옛 수도)에서 자란 버섯을 넣어 끓이면 감칠맛이 나는 국물을 만들 수 있는 것으로 유명하다. 언젠가 녹색 채소가 부족했을 때 버섯이 몇 개 있어서 그 두 가지 재료에 작은 토마토 두 개를 더 넣어 수프를 준비했다. 수프는 아주 묽었다. 토마토는 녹아버렸고 각각의 그릇에는 아주 작은 녹색 채소 부스러기가 들어 있었다. 버섯은 아예 보이지도 않았다. 그럼에도 스님들은 수프가 맛있다고 했다. 나는 버섯이 그 국물에 유명한 후에의 맛을 더해주었다고 짐작한다.

이모는 국물을 그릇에 퍼 담은 뒤 생선 소스와 신선한 허브를 뿌렸다. 그러고는 그릇을 손님 앞 나무 상자에 올린다. 그녀는 지고 다니는 짐판에 걸린 깨끗한 행주로 젓가락 한 쌍을 쓱 닦아서 손님에게 내주고, 설거지통에서 그릇과 젓가락을 씻어 잘 말린 뒤 다음 손님을 위해 바구니에 쌓아둔다. 떠오르는 해가 골목을 밝게 비춘다. 이후 아침 글쓰기를 잠시 멈추고 창밖을 내다보니, 이모는 벌써 가고 없었다. 그녀의 탕면은 아침에 불티나게 팔린다. 나는 딱 한 번 그녀가 짐을 싸는 것을 보았는데, 8시 30분이었다. 그녀는 모든 것을 말끔히 훔치고 나무 상자를 사원 담벼락에 기대어 두었다. 그리고 짐판을 어깨 위로 들어올렸다. 다른 상인들은 대부분 10시 30분이나 11시까지 짐을 싸지 않는다.

이모에게 학교에 다닐 나이의 자녀들이 몇 있을 것이라고 짐작한다. 그녀는 그들을 먹여살려야 할 뿐만 아니라 학교 준비물이나 수업료도 내야 한다. 게다가 살림살이에 드는 비용도 있다. 탕면을 팔아서 충분할까? 그녀가 오후에 다른 일을 할지도 모르겠지만, 한 가지는 분명하다. 그녀는 국물을 만들기 위해 밤늦게까지 잠들지 못하고, 아침에는 그것을 시장에 가져오기 위해 일찍 일어나야 한다는 사실이다. 후띠에우를 파는 이모와 다른 상인들이 없다면 팝호이 골목 시장은 슬픈 곳이 될 것이다. 채소와 생선 그리고 고기를 파는 여인들은 가족에게 필요한 것들을 뒷받침했다. 거기에는 옷감을 파는 여인도 있다. 그리고 반한 대학교 입구 옆에서 알루미늄 솥과 냄비를 파는 사람도 있다. 그는 사방으로 대략 8미터쯤 되는 공간을 차지하고 있는데, 그의 솥은 햇빛에 환히 빛난다. 그가 진열해 놓은 대단한 구색의 부엌칼은 바라보고만 있어도 눈이 부실 지경이다. 때때로 그가 물건을 늘어놓느라고 공간을 너무 많이 차지해서 대학의 차가 사원 경내로 들어오고 나갈 때 이용하는 좁은 입구를 막기도 한다. 운전사는 솥과 냄비 씨에게 반짝이는 그의 제품들을 한쪽으로 치워달라고 설득해야만 한다. 물론 상인들은 대부분 이해심이 매우 많고, 차를 보면 언제나 기꺼이 거추장스럽지 않도록 물건들을 치워준다.

여섯 달 전에 반한 대학교의 설립자이자 이사로서 나는 대학 학장과 여러 차례 대화를 나누었다. 그는 "이 골목 시장은 우리 대학의 골칫거리에요. 제가 그것을 싹 정리하겠습니다. 상인들 중에 어떤 사람도 제대로 된 허가를 받지 않았어요. 그들을 처리하고 나면 공무과에 불도저를 요청해서 움푹 파인 곳을 메울 겁니다. 그러면 우리 대학 입구가 점잖게 보일 거예요."라고 말했다.

그는 그 계획에 동의해 달라고 몇 차례 강력히 요구했지만, 나는 거절했다. 그리고 그에게 그렇게 매몰차게 굴지 말라고 설득했다. 나는 그 대학이 사람들에게 어떤 이로움을 가져다 줄 수 있는지 아직 보여주지 못했다고 했다. 그의 계획이 진행된다면 수백 명의 사람들에게서 일자리를 빼앗고, 대학은 동네 전체의 미움을 받을 상황이었다. 나는 후띠에우를 파는 이모를 생각했다. 그리고 학교를 더 "점잖게" 보이도록 만들기 위한 학장의 계획을 결코 지지할 수 없다고 생각했다.

어느 날 우리는 사이공의 지식인과 외교 사절의 방문을 받았다. 사이공은 인구 250만의 도시였고 '극동의 보석'으로 알려져 있다. 하지만 우리에게는 아직 비품이 거의 없었다. 심지어 의자도 없었다. 학장은 그가 아는 몇몇 가구상에서 의자를 빌려야만 했다. 방문 이틀 전에 우리는 정문 앞 골목 상인들이 물건을 펼쳐놓지 않도록 특별 협의를 했다. 그럼에도 사절단이 도착한 날 아침에는 하필 장대비가 쏟아져서 기품 있는 손님들이 웅덩이 주변을 까치발로 걸어서 정문으로 들어와야 했다. 나는 그들을 환영하며 웅덩이에 대해 사과했다. 그들은 그저 웃었다.

나중에 학장이 속삭였다. "공무과에 '웅덩이들'을 처리할 불도저를 요청하지 않으신 게로군요."

나는 대답했다. "나는 웅덩이들을 일시적으로만 처리했어요. 그것들은 다시 돌아온답니다."

학장이 웃었다.

달이 밝은 밤, 팝호이의 좁은 골목은 설날처럼 흥겹다. 4~5미터쯤 되는 아레카야자 나무가 골목 양쪽에 늘어서 있다. 떠오르는 달이 그 나무의 길고 우아한 잎들 사이로 스쳐 지나간다. 장난감 상인이 가로등 아래에서 물건을 팔고 있고, 시원한 음료를 파는 손수레도 있다. 실내에 있기가 너무 더워서 가족들은 쌀가마니를 펼쳐놓거나 의자를 앞문 바깥에 내놓는다. 어떤 사람들은 팔기 위해 고무풍선을 분다. 그들은 여러 색깔의 풍선을 도매로 산다. 그런 다음 바깥에 작은 석탄 난로를 놓고 멍석을 깐 다음 일을 시작한다. 석탄 난로의 열기가 고무를 부드럽게 만들어 풍선 불기가 더 쉽다.

어른들은 앉아서 잡담을 나눈다. 아이들은 이 축제 같은 팝호이의 저녁에 뛰어다니고 논다. 하지만 시름 하나 없어 보이는 표면 아래에 많은 고난이 있다. 파괴적인 전쟁의 영향력이 서서히 침식해 와 이 가족들의 삶을 더욱더 힘겹게 만든다. 이런 가난한 동네로 난민들이 쏟아져 들어온다. 거리는 핼쑥하고 야윈 아이들로 가득하다. 왜인지 모르겠지만, 나는 이 아이들이 아름답다고 느낀다. 그중에서도 가장 가난한 아이들이. 그들은 형편이 더 나은 집 애들처럼 뺨이 발그레하지도 않고 튼튼하지도 못하다. 하지만 그들은 나름대로 아름답다. 나는 모든 아이들이 본래 아름답다고 생각한다. 어쩌면 내가 최근 몇 달 동안 이 아이들에게 관심을 더 많이 기울인 까닭에, 그들의 아름다움을 깊이 이해할 수 있는지도 모르겠다.

쪽람 사원
고밥, 자딘 성

몇 주 전 나는 스티브로부터 긴 편지를 받았다. 하지만 너무 바빠서 오늘까지 답장을 쓸 수 없었다. 베트남 중부에 대규모 홍수가 있었다. 60년간 있었던 홍수 가운데 가장 최악이었다. 지난번에 대규모 홍수가 있었던 해도 용띠 해였다. 나는 세 명의 젊은 일꾼들과 함께 구조 작업을 하고 막 돌아왔다. 이곳에 있는 동안 본사에 계신 스승님을 찾아뵐 수 있었다. 이제 막 여든이 되신 스승님은 이 지역의 다른 어르신들이 그런 것처럼 60년 전의 끔찍한 홍수를 기억하고 계셨다. 올해 수천 명의 사람들이 물에 빠져 죽었고, 수만 명의 사람들이 집과 가진 것을 잃었다. 남부 지방에서 엄청난 지원이 쏟아져 들어왔다. 기부한 단체의 수를 셀 수가 없다. 사회봉사청년학교는 트럭 몇 대 분량의 음식과 약 그리고 옷가지를 모았다. 우리는 피해자들에게 직접 물품을 전달하기 위해 팀을 조직했는데, 이것은 위험한 일이다. 왜냐하면 홍수가 난 지역은 전투가 가장 치열하게 벌어지고 있는 곳들 가운데 한 곳이기 때문이다. 갑자기 폭탄이 터지거나 총격이 있어 순식간에 목숨을 잃을 수 있다. 하지만 우리 마음은 이 금지된 구역의 피해자들에게로 향하고 있었다.

나는 스티브에게 안쓰러움을 느꼈다. 그는 뉴욕에 염증을 느꼈고 더이상 뉴욕에서 살고 싶어 하지 않았다. 그가 뉴욕에 4개월만 더 머문다면, 학위를 받을 것이고, 그런 다음 다른 계획을 세울 수 있다. 물론 스티브가 동의하지 않으리라는 것을 안다. 그는 너무 지쳐서 4개월은커녕 단 4일을 기다리는 것조차 생각할 수 없었다. 나는 그에게 세상의 모든 곳은 거의 똑같다는 내용의 편지를 썼다. 궁극적으로 어떤 일을 결정하는 것은 우리의 마음이다. 만일 내가 뉴욕에 있다면 스티브가 그곳에서 좀 더 쉽게 견딜지도 모르겠다. 언젠가 그는 지금 그토록 진절머리를 내던 뉴욕을 그리워하게 될지도 모른다. 그것은 전쟁으로 황폐해진 이 나라에 있는 나의 경험과도 같다. 어떨 때 나는 이곳을 영원히 떠나고 싶지만, 다른 나라에 머물 때면 베트남을 지독히 그리워한다.

얼마 전 우주 여행에 대한 기사를 읽고 난 뒤 우주선을 타고 지구 궤도를 돌고 있는 나를 상상했다. 그런데 어떤 기술적인 결함으로 우주선에 있는 로켓이 발사되지 못했고, 나는 지구로 돌아올 수 없었다. 음식과 산소가 바닥날 때까지 그 궤도에 남아 있는 것 말고는 다른 선택이 없었다. 지구로의 무선 전송은 먹통이 되었다. 나는 온전히 혼자 죽으리란 걸 알았다. 그 누구도 내 죽음의 순간을 알지 못할 것이다. 심지어 내 유해조차 지구로 돌아오지 못할 것이다. 나는 절절한 외로움을 느꼈다. 지구가 그리웠다. 내가 비열하다고 느꼈던 잔혹하고 옹졸한 사람들이 이제는 사랑하는 친구처럼 소중하게 느껴졌다. 나는 지구로 기쁘게 돌아가리라. 설령 내 생의 마지막 날들을 그들과 함께 보내야 한다 할지라도. 하지만 돌아갈 길이 없다. 사랑하는 지구의 얼굴에 내 뼈를 산산이 흩뿌릴 그 어떤 방법이 없었다. 우주선의 출입구를 열고 내 몸을 바깥으로 힘껏 내던질 수 있지만 중력이 없어 나는 지구로 떨어지지 않을 것이다. 지구는 더 이상 나를 원하지 않았다. 더이상 자신을 향해서 나를 끌어당기지 않았다. 나는 지구와 인류에서 아주 멀리 떨어져 있었다.

　여기 자던 지역에서는 제트 여객기가 내지르는 지속적인 비명이 시골 마을을 뒤흔든다. 그렇지 않다면 고요하고 평화로운 곳이련만. 그 소음 때문에 머리가 지끈거린다. 왜 비행기들이 계속해서 지나가는지 모르겠지만, 마치 내 폐에 무거운 역기를 달아놓은 것처럼 숨쉬기가 어렵다. 한 시간 전에 나는 건초더미 옆에 앉아 한 무리의 아이들과 함께 놀고 있었다. 아이들은 다른 곳 아이들이라면 으레 보였을 얼굴에 어린 흥분 없이 제트기를 두려움의 시선으로 올려다보았다. 웃음소리도 들리지 않았다. 이 아이들은 폭탄 공격이 시골 마을에 가져오는 죽음과 파괴에 대해 알고 있다.

이곳에서 당신은 농부들이 직면한 실제 현실의 문제를 보고 느낄 수 있다. 이곳의 삶은 단순하며 내 가슴을 사랑으로 가득 채운다. 나는 스티브가 대부분의 시간을 물질적인 안락을 위해 보내는 사회에 사는 것을 행복해하지 않는다는 사실을 안다. 가난을 낭만으로 묘사하려는 것은 아니지만 나는 부유한 사회에 사는 사람들이 외로움, 소외 그리고 지루함, 여기서는 상상할 수 없는 문제들로 고통을 겪는 것을 보았다.

몇 년 전에 요직에 있는 남성과 결혼한 한 여성에 대한 영화를 보았다. 그들은 우아한 동네에 있는 좋은 집과 두 대의 차 그리고 두둑한 은행 계좌를 가지고 있었다. 그들의 결혼에는 분명 아무런 마찰이나 혼란이 없었다. 첫 장면에서 여자는 거실에 있는 의자에 앉아서 졸고 있었다. 그녀의 얼굴에는 두려움에 가까운 텅 빈 권태가 드러났고, 입가에 침이 흐르고 있었다. 그녀가 갑자기 소리를 질렀고 뭔가 괴로움을 겪고 있는 것처럼 몸을 떨었다. 남편이 달려가서 그녀의 어깨를 잡았다. 그녀는 눈을 떴고 어리둥절한 듯 보였다. 하지만 이내 몸가짐을 바로 잡고 살포시 미소를 지었다. 그녀의 얼굴에서 지침과 두려움의 기색이 사라졌다. 그리고 마치 작은 새처럼 명랑하게 재잘대기 시작했다. "이제 막 집에 오셨어요, 여보? 내가 깜빡 졸았나 봐요. 바보 같지 뭐예요. 커피를 준비해 드릴게요."

남편은 그녀를 바라보며 물었다. "당신 진짜 괜찮은 거요?"

그녀는 웃으며 말했다. "네, 저는 괜찮아요. 정말요. 저는 괜찮아요."

그러자 남편은 방금 사업상 급한 일이 있어 워싱턴으로 오라는 말을 들었고, 다음 비행기를 타고 가야 한다고 말했다. 그는 "커피 준비가 끝나면 짐을 싸는 것을 도와줄 수 있겠소?"라고 말했다.

그가 옷장을 뒤적이는 동안 그녀는 커피를 준비한다. 영화가 시작될 때부터 우리가 듣던 음악이 끝났다. 아내는 축음기로 가서 다른 음반을 건다. 강한 비트의 요란한 음악이다. 그가 들어와서 음악을 끄는 것을 보니 남편은 그 음악을 좋아하지 않는 것이 분명하다. 그는 다시 자리로 돌아와 짐을 싸기 시작한다. 여자는 침묵을 견딜 수 없다. 그래서 다시 음악을 켠다. 짜증이 난 남편이 다시 와서 음악을 끈다. 아내는 음악을 켠다. 그들은 아무 생각 없이 몇 분간 이러기를 반복한다.

남편이 공항으로 떠난 뒤 여자는 집에 혼자 앉아 있다. 앨범 몇 개를 듣자 이제 음악 듣는 것도 지겨워 책 한 권을 꺼내 읽으려고 한다. 하지만 고작 몇 줄 읽고는 곧 책을 내려놓는다. 여인은 전화기로 달려간다. 처음 전화를 건 친구는 마침 집에 없다. 전화를 건 두 번째 친구는 너무 바빠서 이야기를 나눌 수 없다. 그녀는 집에 초대하여 커피 한잔을 하며 이야기를 나눌 친구를 찾을 수 없다. 그녀는 수화기를 내려놓고 의자에 털썩 앉는다. 그러고는 늦은 오후까지 여전히 따분한 상태로 있다.

저녁 6시에 신문 배달을 하는 소년이 문을 두드린다. 그녀의 얼굴이 밝아진다. 친구가 찾아온 줄 알았지만 신문 배달 소년이었다. 그가 신문을 건네자, 그녀가 들어오라고 초대했다. 하지만 그는 사양하며 배달해야 할 신문이 아직 많다고 말한다. 그러고는 여인을 바라보며 말했다. "모퉁이에 있는 술집에 한번 가보세요. 아주 즐거운 곳이에요." 그녀는 그 제안에 모욕을 느끼며 빈정댄다. "그런 건 필요 없어."

소년이 떠나자 그녀는 더 외로움을 느낀다. 그녀는 남편을 생각하고 전화기로 달려간다. 그리고 교환원에게 전화를 걸어 이렇게 말한다. "워싱턴 D. C.에 있는 제 남편과 수화자 지정 통화를 하고 싶어요."

여자는 수화기 건너편에서 남편의 목소리를 듣는다. 그리고 묻는다. "비행은 괜찮으셨어요?" 그가 대답한다. "그렇소, 괜찮았소." 그녀는 할 말도, 물어볼 것도 생각이 나지 않는다. 전화는 멀리 떨어져 있는 두 사람을 연결한다. 남편이 같은 방에 있는 것이나 다름이 없다. 하지만 서로에게 할 말이 하나도 없다. 그들이 15년의 결혼 끝에 서로에 대해 알아야 할 모든 것을 다 안다는 의미일까? 여자의 마음은 텅 비어 있다. 그래서 날씨에 대해 묻는다. "워싱턴에 비가 오고 있나요?"

그는 대답한다. "아니요, 날씨는 좋소, 맑고 따뜻하다오. 나는 이제 막 첫 번째 미팅을 마쳤소." 그는 아내의 목소리에서 뭔가 평범하지 않은 낌새를 알아채고 묻는다. "여보, 당신 괜찮소?"

그것은 그가 아내에게 두 번째로 한 질문이다.

그녀가 말한다. "네, 저는 괜찮아요."

이후 외로움을 견딜 수 없던 그녀는 옷을 입고 모퉁이 술집으로 걸어간다. 자정이 지났고 술집은 텅 비어 있다. 그녀는 위스키 한 잔을 시키고 주변을 둘러본다. 한 부부가 술집으로 들어온다. 부인은 화장실에 가고, 남편은 그녀 가까이 앉아 와인 한 잔을 주문한다. 그들은 몇 마디를 나눈다. 여자는 분명 외롭고, 남자는 분명 여자가 매력적이라고 느낀다. 누가 알겠는가? 부인과 함께 온 이 남자도 어쩌면 외롭다고 느낄지 모른다. 그들은 이야기를 좀 더 나누고 웃는다. 화장실에 갔던 부인이 돌아와 남편이 딴 여자에게 말 거는 것을 좋아하지 않는다는 표현을 명확히 한다. 술집의 분위기가 무거워진다.

그날 밤 늦게 여자는 악몽에 시달린다. 침실의 희미한 불빛 속에서 우리는 앞서 그녀의 얼굴에서 보았던 것과 같은 고통과 소외의 표정을 본다. 그녀는 악몽에 갇힌 채 홀로 있다. 갑자기 앞문에 열쇠를 꽂고 돌리는 소리가 난다. 그녀의 남편이 한밤중에 워싱턴에서 돌아왔다. 침실로 들어온 그는 악몽으로 괴로워하는 아내를 본다. 그리고 침대로 가서 그녀를 깨운다. 그녀는 일어나 앉는다. 멍하고 혼란스럽다. 그녀의 얼굴에 공포가 역력하다. 남편이 말한다. "오늘 저녁 전화할 때 당신이 딴 사람 같았소. 그래서 마지막 회의가 끝나자마자 돌아왔소. 악몽을 꾸었나 보구려. 당신 괜찮소?"

그가 같은 질문을 한 것은 이번이 세 번째였다. 여자는 바로 대답하지 않는다. 그녀는 더이상 그저 "저는 괜찮아요"라고 말하면서 그 질문을 무시하지 않는다. 그녀는 괜찮지 않다. 하지만 무엇이 문제인가? 그녀에게는 어떤 병도 없다. 물질적으로도 부족하지 않다. 그녀의 집에는 모든 안락이 있고, 집안일을 더 수월하게 만드는 온갖 종류의 가전제품이 있다. 응급상황을 알리기 위한 전화도 있다. 강도가 침입하면 경찰에 전화할 수 있다. 그녀는 나약하거나 무력하지 않다. 옛날같이 사나운 야생동물이나 약탈자를 막아줄 남자의 보호가 필요한 것도 아니다. 그녀의 집은 훌륭한 가구로 꾸며져 있다. 그녀는 건강하고, 수입은 쓰고도 남을 만큼 충분하다. 그녀의 남편은 좋은 직업을 가졌고 매우 존경을 받는다. 그런데 모든 것이 괜찮지가 않다. 그녀는 남편을 바라본다. 그리고 "뭔가가 잘못됐어요. 나는 괜찮지 않아요"라고 말한다.

그녀의 문제는 현대인들에게 일반적인 것이다. 사람들은 점점 더 외로워진다. 늘 꾸려지는 온갖 종교 모임, 사교 모임을 보라. 교회와 사원은 종교라는 이름으로 남녀가 함께 만나 모임이나 파티를 계획하는 장소가 되었다. 교회나 사원에 가는 것은 주의를 딴 데로 돌리기 위한 수단이자 사람들에게 얼굴을 드러내는 수단이 되었다. 사람들은 정치단체, 여성단체, 남성단체, 자선기관, 학생회, 심지어 핵무기에 반대하는 집단에 가입한다. 그 모든 것은 딱딱한 껍질 안에 갇혀 있다는 공허의 느낌에서 도망치기 위해서이다. 하지만 그들이 어디를 가든, 그들은 계속 똑같은 껍질 안에서 맴돈다. 공허한 사교 모임은 그 껍질의 표현일 뿐이다.

스티브는 그런 사회에 산다. 그리고 더이상 그것을 견딜 수 없다. 만일 그가 자기 껍질 바깥의 더 큰 세상과 접촉할 수 있다면, 비록 똑같은 곳에 머물지라도 그렇게 갇혔다고 느끼지 않을 것이다. 어쩌면 스스로 무의식적으로 바깥 세상과의 연결을 막아버렸는지도 모른다. 만일 그가 내일 헤엄쳐서 갈 수 있는 더 큰 세상을 생각할 수 있다면, 그는 현재 상황이 필요한 단계임을 알 수 있을 것이다. 나는 그가 컬럼비아에서 보낼 남은 4개월을 미소 지으며 받아들이기를 바란다. 만일 그렇게 할 수 있다면 그의 눈앞에서 모든 것이 변화할 것이다. 태양은 더 밝고 하늘은 더 푸르를 것이다. 그는 다른 사람들과 다정하고 사이좋게 지내기가 훨씬 수월하다고 느낄 것이다.

그 영화 속의 여자가 물질적인 안락을 버리기만 한다면, 그리고 대신 남미의 어떤 마을이나, 내가 지금 머무는 이곳 마을처럼 소박한 사회에서 산다면 병을 치유할 수 있으리라고 생각한다. 이런 곳에서는 자기 빨래를 강에서 손수 해야만 한다. 그녀는 이곳 마을 사람들이 마시는 비위생적인 물을 보면 움찔할지도 모른다. 하지만 사람들과 함께 살고 그들의 염려를 함께 나눈다면, 그녀가 가진 지식은 농부들의 삶을 나아지게 만드는 데 도움이 될 것이다. 고난과 시련을 겪겠지만 그녀의 미소는 동틀 무렵의 태양처럼 빛나기 시작할 것이다. 물론 그녀가 자유로워지기 위한 노력에 퇴보나 도전이 없지는 않을 것이다. 사람들은 자신의 고통을 내려놓는 데 어려움을 겪는다. 알지 못하는 것들에 대한 두려움으로 그들은 차라리 익숙한 고통을 선택한다.

마음의 어두운 고립을 쫓아버리는 가장 좋은 처방은 삶의 고통과 직면하는 것이다. 다른 사람들의 불안과 불확실성을 공유하고 그것을 함께 나누는 것이다. 외로움은 거짓된 껍데기 속에 자신을 가두는 데에서 기인한다. 사람들은 자기 자신이 다른 사람들과의 관계 속에 있는 존재가 아니라 분리되고 자족적인 실체라고 생각한다. 불자들은 이것을 '자아에 대한 집착'이라고 부른다. 그런데 우리는 분리된 자아를 갖고 있지 않다. 그것을 이해하기 위해 불교의 말을 빌리지 않아도 된다. 깊이 들여다만 봐도 어떤 사람이 분리된 자아가 아니라는 것을 볼 수 있다.

소외에 대한 문학은 새롭지 않다. 사람들이 아무것에서도 의미를 찾지 못하고, 어떤 탈출구도 없다고 느끼며 지긋지긋해하면 희망을 잃기 쉽다. 심지어 '무의미함'이라는 개념조차 무의미하게 느껴진다. '거짓'이라는 개념조차 거짓되게 느껴진다. 절망한 작가들은 음울한 장면 전체에 또 다른 검정 페인트를 덕지덕지 칠한다. 스스로 자유의 목소리라고 자처하고 있음에도, 그 글들은 무모함과 무책임의 문화를 생산한다.

현상 유지를 장려하는 문학은 하나의 극단성을 나타내지만,

완전한 무책임을 옹호하는 문학은 또 다르다. 전자에서 작가는 최소한 여전히 무언가를 붙들고 있다. 후자의 경우에는 붙들 수 있는 그 어떤 것도 없다. 자유가 무책임과 같은 것이 되어서는 안 된다. 책임이 없는 자유는 자신과 타인을 파괴한다. 책임이 없는 자유를 고취하는 문학은 상황을 훨씬 더 절박하게 만든다. 그것은 사람들이 자기에게만 몰두하고, 공허해지고, 소외되도록 부추긴다. 절망의 문학은 상처를 할퀴고 상처를 더 깊게 만든다. 우리에게는 우리를 이끌어주고 치유하는, 그리고 우리가 처한 상황의 진실에 마음을 열도록 도와주는 그런 문학이 필요하다. 자각을 위해서 상황의 이해가 꼭 필요하다. 자각과 함께, 우리는 어려움을 해결하고, 적응하고, 진로를 바꿀 수 있다. 소외의 근본 원인을 파악하고 치유할 수 있다.

　당신은 소외를 느끼는 사람들을 외지고 가난한 마을로 보내자는 내 제안에 웃을지도 모른다. 하지만 외로운 사람을 위한 시골 마을을 만든다면 정말 모든 사람이 혜택을 받으리라고 생각한다. 이 마을은 디엠 대통령의 전략적인 마을이 아니라, 성찰과 안거를 위한 프린스턴이나 옥스퍼드와 더 비슷할 것이다. 빠른 속도로 돌아가는 도시 생활에서 치유를 기대하기는 어렵다. 프린스턴에서 나는 한 학생이 "이 학교에 다니는 것은 사원에 있는 것과 같아요"라고 하는 말을 들었다. 하지만 가장 중요한 것은 우리의 태도이다. 어디에 있는가보다 그것이 더 중요하다. 마치 병균이 건강한 면역체계를 갑자기 덮치기 어려운 것처럼, 소외도 내면의 힘과 결의를 덮치는 일이 쉽지 않다. 최선의 해결책은 여기서 도망쳐 딴 곳으로 가는 것이 아니라 연대와 내면의 힘을 기르는 것이다.

오늘 내가 이렇게 긴 일기를 쓰는 이유는 수많은 젊은 친구들이 이곳의 일을 떠맡고 있기 때문이다. 미국에 있을 때도 똑같은 행운은 누렸다. 스티브 같은 친구들은 나를 돕기 위해 온갖 노력을 기울였다. 나는 1963년 6월부터 10월까지의 고통스러웠던 시간을 생각해 봤다. 당시 베트남에서는 디엠에 대항하는 운동이 탄력을 받고 있었고, 나는 뉴욕에서 할 일이 아주 많았다. 전화벨이 너무 자주 울려 신경이 곤두섰다. 종종 잠도 못 자고 일했다. 고맙게도 내 곁에 스티브와 친구들이 있어 도움을 받을 수 있었다. 우리는 맞닥뜨린 위협과 다른 많은 어려움에도 불구하고, 결코 흔들리지 않았다.

내 단식을 끝내기 위해 우유 한 팩과 초콜릿 바 하나를 가지고 온 스티브 얼굴에 어려 있던 심각한 표정을 결코 잊지 못한다. 당시 나는 미국 불교 아카데미의 일본식 다다미 매트가 깔린 명상실에 머물고 있었다. 스티브는 무릎을 꿇고 다정하게 우유 한 잔을 따라주었다. 그의 모습에서 베트남의 행자가 떠올랐다. 그가 말했다. "이 초콜릿 바를 드세요. 에너지가 빨리 회복될 거예요." 오후 2시였다. 내 묵언 단식이 끝난 시간이었다. 월요일부터 금요일 오후까지 나는 자비에 대해서 명상하고 자유가 독재를 극복할 수 있기를 기도했다. 하루에 두 번 스티브가 가져다 준 맑은 물 말고는 아무것도 먹거나 마시지 않았다.

내가 단식을 하겠다고 발표한 카네기홀에서의 기자회견 직후, 스티브는 내가 방해받지 않고 명상할 수 있는 곳을 물색하기 위해 재빨리 움직였다. 나는 유엔 사무총장인 우 탄트^{U Thant}(미얀마의 외교관이자 교육가 1961~1971년까지 유엔 사무총장을 역임함)에게 유엔의 명상 홀을 이용할 수 있을지 문의했지만, 그는 망설였다. 결국 그는 자신이 불자이기 때문에 불교를 편애하는 것처럼 보이고 싶지 않다고 말했다. 나는 유엔에 있는 국제교회센터에 전화했고, 그들은 내가 그들의 방 중에서 하나를 쓸 수 있지만, 하루에 300달러를 내야 한다고 했다. 월요일부터 금요일까지 사용하면 1,500달러를 내야 했다. 우리는 그만한 돈을 감당할 수가 없었다. 우리가 가진 것을 다 팔아도 부족한 금액이었다! 미국 선禪연구소에도 전화했지만, 전화를 받지 않았다. 결국 미국 불교 아카데미가 동의했다.

베트남의 상황을 토론하기 위한 유엔 총회가 시작되었다. 지난 몇 달 동안 나는 여러 명의 아시아 사절들, 특히 태국 대사를 설득하여 총회 일정에 베트남 주제를 상정하도록 힘썼다. 수많은 신문, 방송국과도 인터뷰를 했다. 나는 국제인권기구가 조직한 카네기홀 기자회견에서 말했다. "베트남 국민은 이미 너무 많은 고통을 겪었습니다. 지금은 '인류'라는 가족 전체가 기도하고 행동하는 것이 절실한 순간입니다. 이 기자회견 이후 저는 즉각적으로 제 조국을 위해 기도하기 위해 묵언 명상에 들어가 단식을 하겠습니다. 저는 베트남의 고통을 멈출 수 있도록 인류의 모든 가족, 그 고통을 느낄 수 있는 모든 분들께 기도해 주실 것을 간청합니다."

신문에 평화를 호소하는 나의 요구가 실렸다. 스티브가 알고 있듯이, 나는 고국에서의 평화운동에 대한 지지를 이끌어내기 위해 워싱턴, 시카고 그리고 다른 여러 도시를 방문한 뒤 완전히 탈진할 지경이었다. 해외베트남협회가 주최한 백악관 앞 시위행진도 도왔다. 갓난아기를 데리고 나온 젊은 베트남 부모들도 행진에 참여했다. 많은 미국인이 동참했고, 모든 TV 방송사들이 취재했다. 정말 감동적인 장면이었다.

불행히도 미국 불교 아카데미의 명상실은 2층에 있어서, 화장실에 가야 할 때마다 긴 계단을 올라가야 했다. 그것이 기운을 더 소진시켰다. 스티브는 내가 단식을 하는 동안 그 어떤 기자나 카메라맨도 방에 들어오지 못하게 했다. 하지만 우유와 초콜릿을 가져왔을 때, 그는 TV 기자 두 명이 내가 방에서 나오면 인터뷰를 하고 싶어 한다고 말했다.

나는 우유 한 모금 한 모금을 입 속에 머금고 삼키기 전에 "꼭꼭 씹었다." 그리고 초콜릿 한 조각을 먹었다. 비록 그것이 얼마나 에너지를 북돋울 것인지에 대해서는 회의적이었지만 말이다. 스티브는 내가 단식을 하는 동안 일어났던 모든 일을 알려주었다. 그는 베트남에서 온 편지를 건네주었다. 거기에는 몇 장의 생일 카드도 있었다. 내 생일은 이틀 전이었는데, 나는 그 사실을 완전히 잊고 있었다. 한 카드는 남동생이 보낸 것이었다. 카드에는 태풍에 의해 반쯤 파괴된 아레카야자 숲 사진이 있었다. 그 이미지 아래 동생은 "조국에 비"라고 썼다.

TV 관계자들이 장비를 설치하는 동안 스티브는 내게 부드럽게 이야기했다. "지금은 말하려고 하지 마세요. 인터뷰를 위해 에너지를 아끼세요"라고 했다. 다행히도 그 인터뷰는 단 10분, 15분 정도밖에 걸리지 않았다. 한 시간 가까이 걸리는 신문 인터뷰와는 달랐다.

그 뒤 스티브가 택시를 불렀고, 우리는 아파트로 돌아왔다. 그다음 며칠 동안 스티브는 모든 것을 돌보았다. 내가 손가락 하나 까딱하는 것도 허락하지 않았다. 스티브는 형편없는 요리사였지만, 그가 주방을 분주히 돌아다니는 것을 보면 가슴이 따뜻해졌다. 어머니가 아들을 돌보듯이 나는 그를 위해 요리를 하고는 했는데, 이제 그가 나를 보살피고 있었다.

그런 일을 기억할 시간을 갖는 일은 중요하다. 비록 삶이 과거 그 이상일지라도. 그것은 현재이고 미래이다. 우리는 앞을 보아야만 한다. 고난에 찬 불확실한 노력을 쏟던 우리의 옛 시절은 지나갔다. 오늘의 문제가 우리를 둘러싸고 있고, 우리는 그것에 응답해야 한다.

저녁이 내려앉았다. 나는 오늘 밤 도시로 돌아갈 것이다.

1965. 2. 11.

까우낀 마을

선禪은 단순한 사고 체계가 아니다. 선은 우리의 가장 중요한 질문을 존재 전체에 불어넣는다. 그것은 돌파하거나 아니면 소용돌이치는 심연 속으로 빠져드는 삶과 죽음의 긴박한 싸움이다. 우리는 그토록 위험한 순간을 홀로 맞을 필요가 있다. 그 순간들이 우리의 남은 인생을 결정할 것이다. 선은 집중 명상의 시간을 포함한다. 그동안 우리는 하나의 돌파에 이어 또 다른 돌파를 차례로 경험하고 위험을 만나기도 한다. 또 실패 속에 홀로 죽을 수도 있다. 하지만 선의 이런 정의는 오직 나에게만 진실일지도 모른다.

어린 두 소년이 풀이 무성한 초원에 앉아 있는 한 노인을 만났다고 상상해 보자. 그 노인은 소년들에게 뱀을 사냥하고 있다고 말한다. "만일 땅속에 독뱀만 없다면 이 사랑스러운 초원은 꽃밭으로 완벽할 거야. 나는 뱀을 잡아서 밟아 죽일 거란다. 그런 다음 아름다운 꽃밭을 만들거야." 그가 말했다. "뱀 구멍에는 뱀의 새끼들이 둥지를 틀고 있어. 그것들은 지면으로 올라오면 꿈틀거리다가 죽지. 그리고 거기에는 다 자란 뱀도 있단다. 그것들을 밖으로 끌어낼 때는 조심해야 해. 너희가 강하지 않으면 뱀들이 너희를 물어 죽일 테니까 말이야. 너희는 자기 자신을 알아야 한단다. 그리고 뱀도 알아야 하지. 네가 충분한 힘을 가졌을 때와 그렇지 않을 때를 알아야 한단다. 뱀 두 마리를 동시에 끌어올릴 수 있을 때 가장 좋은 방법은 뱀들끼리 서로 싸우게 만드는 것이지." 마음을 온통 빼앗긴 소년들은 약간 긴장한 채 앉아서 노인을 바라보았다.

선은 그와 같다. 의식의 깊은 곳에는 독사, 유령 그리고 다른 불쾌한 생물을 비롯하여 우리 잠재력의 씨앗들이 산다. 비록 숨겨져 있지만 그것들은 우리의 충동과 행위를 통제한다. 만일 우리가 자유를 원한다면, 노인이 뱀을 사냥하는 것처럼, 그것들과 싸우지 않고, 그 유령을 의식 속으로 초대하여 친구가 되어야 한다. 만일 그렇게 하지 않으면 그것들이 우리를 매일 괴롭힐 것이다. 만일 우리가 적당한 때를 기다려 그들이 위로 올라올 수 있도록 한다면, 그때 그들을 만날 준비가 되어 있을 것이고, 결국 그들은 유순해질 것이다.

만일 살 날이 두 달밖에 남지 않았다는 말을 듣는다면, 당신은 아마 그런 소식에 대처할 준비가 되지 않아 깜짝 놀랄 것이다. 또 사랑하는 사람에게서 그가 다른 사람을 사랑하고, 더이상 당신을 사랑하지 않는다는 말을 듣는다고 가정하자. 당신은 그것에 대처할 준비가 되어 있지 않을지도 모른다. 당신은 이런 가능성을 생각조차 해보지 않았기에 준비가 되어 있지 않다. 우리는 놀라거나 방해가 된다고 느끼는 것을 생각하고 싶어 하지 않는다. 그래서 그것이 존재하지 않는 것처럼 행동한다. 만일 우리 스스로가 두려움을 드러낼 수 있다면, 그리고 그것에 미소를 지을 수 있다면, 모든 것들이 저절로 해결될 것이다. 하지만 그렇게 하는 것은 쉬운 일이 아니다.

　나는 이번 달 초에 짝민 사원을 찾았다가 수갑을 찬 리가 객실에 앉아 있는 것을 보고 깜짝 놀랐다. 리의 친구 ― 언론인과 작가 ― 몇 명도 거기 있었다. 리가 발행하던 신문은 몇 달 전에 폐간되었지만, 그는 계속해서 목소리를 높였다. 당국이 그를 체포하려고 했지만, 그는 잠적했다. 그는 짝민 사원을 피난처로 삼았고 친구들은 안전을 염려하여 그에게 밖으로 나가지 말라고 설득했다. 하지만 그는 사원 밖으로 빠져나갔고, 곧바로 몇 초만에 두 남자가 그를 붙잡았다. 리가 소리를 질렀고, 행인들은 무슨 일이 일어났는지 보기 위해 주변에 모여들었다. 그 남자들은 리를 버스 정류장으로 끌고 가 수갑을 채워 손을 기둥에다 묶어 두었다. 몇몇 사람들이 리를 들어 올려 묶인 손이 기둥에서 빠져나오도록 했다. 리는 수갑을 찬 채 짝민 사원으로 돌아왔다. 그의 친구들은 열쇠공을 불렀고, 내가 도착했을 때 열쇠공이 오기를 기다리고 있었다. 리는 나를 보자 웃었지만, 나는 목이 메어 말을 할 수가 없었다. 우리는 도대체 어디까지 온 것인가? 당국은 선량한 시민을 백주대낮에 잡아다가 수갑을 채웠다. 나와 친구들은 앞으로 어떤 일이 일어날지 알지 못한다. 하지만 우리는 다른 사람들을 미워하지 않으리라고 굳게 결심했다. 그들이 아무리 잔혹하게 행동할지라도. 우리의 적은 무지와 증오이다.

만일 스티브에게 이 마을을 구경시켜 준다면, 그는 자신의 문제를 곧 잊어버릴 것이다. 이 마을은 소금기를 머금은 습지 가까이에 있어서 건조한 계절에는 마실 물을 얻기 어렵다. 마을 사람들은 마실 물을 지나가는 바지선에서 몇 양동이씩 사곤 했다. 그런 다음 그 양동이들을 대나무 멜대에 지고 집으로 날랐다. 하지만 그 누구도 그와 같은 교환을 묘사하며 '산다'라거나 '판다'라는 말을 쓰지 않는다. 왜냐하면 베트남어로 '물'과 '나라'라는 단어가 똑같기 때문이다. 그 누구도 "나라를 팔고 있다"라고 말하기를 원치 않는다. 시골 사람들은 조국에 대한 사랑이 깊다.

스티브에게 돌로 만든 새 물탱크를 보여주기 위해, 그를 제방 너머로 데려갈 것이다. 탱크의 깊이는 6미터로, 우리의 도움을 받아 마을 사람들이 만들었다. 마을 사람들은 공무부서에 탄원서를 냈다. 그 결과 공무부서가 일주일에 세 번씩 신선한 물로 탱크를 채워주는 것에 동의했다. 이제 사람들은 원할 때면 언제든 와서 양동이에 물을 채울 수 있다.

마실 물을 얻는 것은 건기 동안에만 문제가 된다. 장마철에는 강에 신선한 물이 가득 차고, 마을 사람들은 필요한 모든 물을 저장용기에 채울 수 있다. 마을 사람들은 넓은 땅을 함께 경작한다. 그리고 수확을 공평하게 나눈다. 이곳에서 땅은 그 누구에게도 속하지 않는다. 그것은 몇 년 전에 버려진 정부 소유의 땅이다. 어떤 식물들은 소금기 있는 습지의 물을 견딜 수 있지만, 다른 식물들은 오직 장마철에만 심을 수 있다. '비'라고 불리는 마을의 한 젊은이는 호박이나 멜론에 소금의 농도를 점차 늘려 물을 준다면 작물들이 소금기에 익숙해질 것이라고 말했다. 만일 스티브가 여기에 있다면, 나는 웃으면서 그에게 만일 소금물로 물을 준 다음 그의 몸이 그것을 받아들일 수 있는지 없는지 보고 싶냐고 묻겠다!

우리가 제안하여 마을 사람들이 짚단에 버섯을 키우기 시작했다. 짚에서 키운 버섯은 요즘 높은 값을 받는다.

전쟁 때문에 베트남에서 경작지가 상당히 줄어들었다. 많은 마을 사람들은 수확과 수확 사이에 물소와 소에게 먹일 볏짚을 모아두어야만 한다. 그래서 재배된 짚 버섯이 많지 않다. 이곳의 다른 가족들은 우리 일꾼들이 산 뉴햄프셔 품종의 닭을 기르는 데 성공했다. 우리가 그것을 처음 제안했을 때, 그들은 고개를 가로저으며, 예전에 그들이 키우던 닭들이 먹이를 찾던 흙의 소금 농도를 견디지 못하고 모두 죽었다고 말했다. 우리 자원봉사자들은 사람들에게 닭을 키우는 것이 가능하다는 확신을 주려고 애를 쓰는 대신, '로이'라는 사람의 집 옆에 지은 닭장에서 100마리의 닭을 키우기 시작했다. 그 닭장을 석유 등을 피워 따뜻하게 했고, 상업적으로 만든 사료 자루를 가득 채웠다. 일꾼들은 병아리를 위해서 위생적인 조건을 유지했고, 필요할 때면 언제든 약을 줄 수 있도록 세심히 주의를 기울였다. 3주 뒤 병아리들이 닭장보다 더 커졌고, 일꾼들은 닭들을 위해 열린 닭장을 만들었다. 그것을 보러 온 마을 사람들의 행렬이 끝없이 이어졌다. 바 아저씨, 본 아주머니, 베이 할머니는 닭이 그렇게 잘 자라는 것을 보고 깜짝 놀랐다. 단 한 마리도 죽지 않았다. 다른 마을 사람들도 그 사업에 대해 물으러 왔다. 그 결과 몇몇 가족이 자신들의 빈약한 수입을 보충하기 위해 닭을 키우기로 결정했다.

그것이 바로 스스로 돕는 실험적인 마을에서 사업이 펼쳐지는 방식이었다. 먼저 그 마을의 보건 의료, 교육, 경제 그리고 사회적 필요를 알아낸다. 그런 다음 경제 개발, 보건 의료 또는 교육에서 시범적인 사업을 설정하여 마을 사람들의 관심과 지지를 일깨운다. 사회봉사청년학교 교직원 중 '에이트'라고 불리는 스님이 있었는데, 그는 사람들의 마음을 얻는 데 특별한 재능을 보였다. 우리는 그가 아주 많은 주제에 대해서 잘 알고 있어서, 그를 '걸어 다니는 백과사전'이라고 불렀다. 그는 모르는 것이 없는 것 같았다. 베트남어 외에도 불어, 영어, 크메르

어를 하고 서양의학과 중국의학을 두루 수련했다. 오렌지와 자몽, 멜론과 호박을 재배하는 법도 알았다. 그는 재능 있는 교사이고, 건축 사업을 감독하는 전문성도 갖추었다. 또한 사회봉사청년학교의 계획과 건축을 감독한다. 스스로 돕는 마을을 방문할 때면 아레카야자 열매와 잎, 하얀 코끼리 연고 한 병, 레몬 약간, 솜 조금 그리고 침을 놓는 바늘 몇 개가 든 작은 주머니를 가지고 간다. 그는 대여섯 사람이 필요한 일을 혼자서 거뜬히 해낸다. 그는 아레카야자 잎과 레몬을 약으로 이용해서 아픈 사람의 등에 숟가락 마사지를 한다. 약이나 침은 드물게만 이용한다. 하지만 환자들은 그의 능숙한 손길에 모두 병이 낫는다. 열이 내리고 통증은 잦아든다. 그는 정말 재능이 뛰어난 사람이다. 환자를 치료하고 난 뒤에 그는 의자에 앉아 주머니를 연다. 그리고 아레카야자 열매 한 입을 함께 깨어 물기 위해 가족 모두를 부른다. 그는 날씨나 수확에 대해 이야기한다. 그는 그 어떤 것에 대해서든 말할 수 있고, 무엇이든 재미있는 것으로 만드는 재주가 있다. 마을 사람들은 그를 정말 좋아한다. 누군가 아프면 사람들이 제일 먼저 부르는 사람도 바로 그이다. 거의 모은 사람이 그에게 빚을 지고 있다고 느낀다. 베트남에서는 작은 빚조차도 사람들 사이에 끈끈한 고리를 만든다. 사람들은 그가 제안하는 것은 무엇이든 열렬히 지지한다.

　베트남의 모든 마을에는 작은 사원이 있고, 그 사원에는 스님 한 명 이상이 상주하고 있다. 만일 시골의 삶을 나아지게 하기 위해 우리와 함께 일하자고 모든 스님들을 설득한다면 이 운동은 짧은 시간 안에 성공할 것이다. 우리에게는 전쟁의 심리학이나 전략적인 마을이 필요하지 않고 오직 마을 개발에 훈련된 전문가가 필요할 뿐이다. 우리는 그런 전문가를 길러내고 있다. 에이트 스님을 지켜보면서, 우리는 기본적인 의술과 침술이 청년학교의 정규 코스에 포함되어야만 한다는 것을 이해했다. 학생들은 에이트 스님처럼 사람들과 효과적으로, 자연스럽게 소통하는 법을 배울 필요가 있다. 마을 사람들이 가진 풍부한 경험을 과소평가한다면 우리는 실패할 것이다. 새로운 기술은 그곳에 이미 있는 자원을 보완하는 것으로 바라보아야 한다. 사실 청년학교는 도시보다는 시골 청년들을 등록시키는 데 더 관심이 있다. 왜냐하면 그들이 시골 사람들과 더 쉽게 일할 수 있기 때문이다.

그 마을 학교가 세워진 데에는 흥미로운 이야기가 있다. 우리 일꾼 가운데 한 명이 아이들과 놀고, 낚시하고, 노래를 부르며 시간을 보냈다. 그런 다음 자기가 읽고 쓰는 것을 가르쳐줄 테니, 노는 시간을 조금 포기하라고 아이들을 설득했다. 그들은 모두 나무 아래 앉았고, 그는 평평한 나무를 칠판으로 썼다. 단지 일주일이 지나자 그에게는 10여 명의 열성적인 학생이 생겼다. 그들을 돕기 위해 한 마을 어른이 자기 집을 교실로 내놓았다. 그리고 의자를 만들도록 나무도 기부했다. 마을의 다른 사람들은 그 나무를 널빤지 형태로 쪼갰다. 아이들은 열심히 공부했고, 부모들은 아이들이 읽고 쓰는 것을 배우는 모습에 매우 기뻐했다. 부모들은 앞으로는 다른 사람들이 자기 아이들을 무시할 수 없을 것이라고 생각했다. 그들은 우리 일꾼인 그 교사에게 고마움을 표했다. 시간이 흐르면서 아이들의 숫자가 점점 늘었다.

과거에 베트남 문화는 중국 문화의 영향을 강하게 받았다. 유교 전통에 따르면 왕은 가장 중요한 사람이었다. 스승이 두 번째 그리고 아버지가 세 번째였다. 왕, 스승, 아버지는 '충성을 다해야 하는 세 가지 관계'이다. 유교는 스승의 역할을 중요하게 생각한다. 왜냐하면 성인이나 성자처럼 스승이 아이들에게 미덕을 가르치기 때문이다. 그래서 사회에서 일하는 일꾼이 아이들을 가르치는 것으로 마을 사업을 시작하면, 사람들의 마음에 특별한 자리를 차지하게 될 것이다. 특히 그 교사가 훌륭한 행동 규칙을 가르친다면 더욱 그렇다. 학생들은 선생님을 자기 집으로 초대하고 싶어 한다. 그리고 부모들은 선생님을 따뜻하게 맞이한다. 이런 만남은 마을에 필요한 것이 무엇인지를 간접적이고 위협적이지 않은 방식으로 토론할 기회를 마련해준다. 사람들은 그들이 존경하는 사람의 말이라면 기꺼이 듣는다.

마을 어른의 집에 있는 교실이 너무 붐비자, 어떻게 할지 대책 마련을 위해 부모들이 함께 모였다. 그들은 우리에게서 어떤 조언도 받지 않고 행동하기 시작했다. 그들은 마을 학교를 짓기로 결정했다. 어떤 가족은 대나무를 기부했고, 또 다른 가족은 나무와 벽돌을 기부했다. 그리고 어떤 사람들은 노동력을 제공했다. 원자재는 부족하지 않았다. 대나무, 짚 그리고 흙으로 지은 단순한 집이면 충분했다. 필요가 분명해질 때, 거기에 응답하는 그들의 능력은 대단했다. 그들은 우리가 생각하는 것만큼 그렇게 가난하지 않다. 특히 그들의 에너지와 능력, 그 땅의 자연 자원과 관련해서는 더욱 그렇다. 이제 네 개의 교실이 있는 학교가 우뚝 섰다. 그것은 마을 사람들이 스스로 노력한 결과이다. 그들은 정부나 다른 어떤 기관의 허가나 도움도 필요로 하지 않았다. 그 학교의 교사 네 명 가운데 둘이 그 마을 출신이다. 그리고 다른 둘도 결국 마을 사람으로 대체될 것이다.

마을의 몇몇 젊은 남녀가 돕고 싶어 했다. 열다섯 살 소년인 므어이는 가장 헌신적으로 이바지하는 사람 가운데 하나이다. 그가 늘 그랬던 것은 아니다. 그가 어렸을 때 부모가 세상을 떠났고, 아홉 살인 사랑스러운 이복 여동생과 그는 이모와 함께 산다. 므어이는 어부인데, 비록 나이는 어리지만 가족을 보살펴야 하는 책임을 어깨에 짊어지고 있다. 그는 십대라기보다 어른 같았는데, 매일 아침 배에 오르기 전에 '배를 따뜻하게 덥히기' 위해 술을 마시곤 했다. 저녁이면 그날 잡은 고기를 여동생이 파는 동안 다른 남자들과 둘러앉아 술을 마셨다. 매일매일 똑같았다.

므어이의 이모는 따뜻하거나 친절한 사람이 아니었고, 므어이에게 자기만의 방이나 연주할 기타, 기사나 영웅에 대한 책

같은 것을 줄 수도 없었다. 그에게는 참가할 축제도 없었고, 가까운 친구도 없었다. 그리고 함께할 스포츠도 없었다. 그가 할 수 있는 유일한 오락은 술을 마시고 노름을 하는 것뿐이었다. 그의 동생 므어이못은 우리 로시놀 학교 학생이다. 어느 날 그녀가 울어서 빨개진 눈으로 학교에 왔다. 선생님이 무슨 일이 있는지 묻자, 므어이못이 이렇게 말했다. "오빠가 일주일 전에 집을 나갔어요. 그러고는 아직도 안 돌아와요." 선생님은 그가 어디로 갔는지 물었다. 동생은 어떤 사람에게 그가 사이공에 있는 철 주조공장에서 일자리를 찾았다는 말을 들었다고 했다. 나는 탄식을 터뜨리지 않을 수 없었다. "아뿔싸! 우리는 그를 도시의 미혹에 빠뜨렸구나. 그는 어떻게 어린 여동생을 무자비한 이모에게 남겨 놓고 떠날 수 있단 말인가?" 나는 어머니가 자기 자식을 사랑하는 것처럼, 므어이가 여동생을 사랑한다는 사실도 알았다.

한 달이 지난 뒤, 마을에서 일하는 청년학교 교직원인 친 선생님이 사이공에서 므어이를 보았다. 처음에는 서양식 셔츠와 청바지를 입은 그를 알아보지 못했다. 그와 함께 있던 친구도 마치 온몸에 '도시'라고 쓴 듯 보였지만, 자세히 보니 므어이는 여전히 시골 아이 같았다. 그래서 친 선생님이 그에게 물었다. "네가 정말 므어이 맞니?"

그는 친 선생님을 보자 행복해했고, "네, 므어이예요! 어디 가는 길이세요?"라고 대답했다. 그러고서 친구를 향해 돌아서

서 말했다. "나 빼고 먼저 가. 나는 여기서 선생님과 이야기를 할게."

친 선생님은 그를 커피숍으로 데려갔다. "도시에서 돈을 많이 벌고 있겠구나."

"전혀 아니에요. 저는 철 주조공장에서 저 하나 겨우 먹고살 정도밖에 못 벌어요. 집에 있을 때보다 나을 게 없어요."

"그럼 너는 왜 마을을 떠난 거야?"

"왜냐하면 친 선생님, 너무 낙담했기 때문이에요. 그곳에 있으면 아무것도 변하지 않을 거예요. 제 삶에서 행복할 일이 하나도 없어요. 저는 어느 날 군대에 끌려가리라는 것을 알고 있었어요. 그리고 그게 끝이겠지요."

"동생 생각은 안 하니? 너는 므어이못을 혼자 남겨 두었어."

그는 대답하지 않았다. 하지만 충격을 받은 것 같았다. 친 선생님은 그가 마을로 돌아오도록 설득하려고 애쓰지 않았다. 그녀는 가끔 그를 찾아갈 수 있도록, 단지 그가 어디에서 일하는지만 물었다.

"저는 다카오 근처의 공장에서 일해요, 선생님."

친 선생님은 다음 토요일 낮 12시에, 마을에 찾아올 수 있도록 그를 태우러 가겠다고 했고, 그는 동의했다.

이런 경험 끝에 그 마을과 이웃 마을 선생님들은 문화예술 행사를 꾸리기 시작했다. 가끔 타오디엔 마을의 사랑 학교 학생들이 이벤트를 무대에 올리려고 방문한다. 그러면 로시뇰 학생들이 화답한다. 문화예술 행사는 언제라도 꾸릴 수 있고, 마을 어른들은 온 마음을 다해 돕고, 그중 많은 사람들이 참여하여 전통 민요를 부른다. 문화예술 행사는 달빛이 가득한 서늘한 저녁, 코코넛 야자나무 아래에서 열리고, 모든 사람들이 즐긴다.

마을 도서관에는 이제 책들이 가득 차 있다. 그중에는 대담한 영웅에 대한 소설과 《도 롱에서 온 소녀》 전집도 있다. 밤에 가족들에게 중국 모험담을 읽어주는 아이들의 행복한 목소리가 내 마음을 따뜻하게 한다. 마을 사람들은 탁구와 배구도 할 수 있다. 므어이 같은 마을의 십대 '아저씨들'은 이 새로운 활동을 즐기면서 술과 노름을 끊었다. 친 선생님은 그들에게 으름장을 놓았다. "나는 이 동네에 있는 젊은 아가씨들에게 너희 중에 누구도 신랑감으로 고르지 말라고 경고할 거야. 만일 너희랑 결혼하면 술에 취한 채 밖을 나도는 남편 때문에 온 식구가 괴로울 테니까. 이제 겨우 열서너 살인데 벌써 술을 마시다니!"

젊은 청년들이 처음에는 항의했다. "그러면 우리는 멀리 떨어진 마을 아가씨를 찾을 거예요! 우리는 그렇게 많이 마시지 않아요. 지루할 때만 조금 마시는걸요." 하지만 그들은 친 선생님의 말 속에 담긴 지혜를 보기 시작했다. 그리고 그녀에게 말했다. "이제는 마을에서 벌어지는 다양한 활동이 있으니, 술을 쉽게 끊을 수 있을 거예요."

므어이는 마을로 돌아왔고, 그의 동생은 훨씬 더 행복해한다. 그는 여전히 어부로서 오랜 시간 일해야 한다. 하지만 나머지 모든 시간을 마을을 돕는 데 바친다. 그는 수많은 아이들의 '형'이 되었다. 그리고 그들은 그를 사랑한다. 그는 발리볼 게임을 하고, 심지어 시타르 연주까지 배운다. 그의 목소리가 세상에서 가장 아름다운 건 아니지만, 그는 노래하는 것을 무척 좋아한다!

나는 마을에서 이런 식으로 일을 도모하는 것을 즐기지만, 그런 일에 에이트 스님이나 친 선생님 그리고 다른 대부분의 청년학교 지도자들보다 능력이 부족한 걸 인정할 수밖에 없다. 이 훌륭한 젊은이들은 많은 성공을 거두었고, 그것은 내게 커다란 희망을 준다. 나는 그들의 노력으로 혜택을 받은 제일 첫 사람이라고 할 수 있다. 마을 사람들은 나에게 그들의 사랑과 인정 그리고 신뢰를 주고, 그것이 나의 꿈을 새롭게 한다. 자신의 선한 행위의 첫 번째 수혜자는 언제나 바로 자기 자신이다. 만일 당신이 옥수수를 심으면 옥수수를 거둘 것이다. 만일 콩을 심으면 콩을 수확할 것이다. 왜 우리는 이 사실을 깨닫기 전에 그토록 많은 시련을 겪어야만 할까?

프엉보이의 영향력은 여기에서도 느껴진다. 비록 프엉보이가 브수당글루의 고요한 숲속, 가 닿을 수도 없는 곳에 있지만 말이다. 프엉보이의 '새들'은 시골 마을 사이를 오가고, 프엉보이는 우리의 가슴속에 있다. 프엉보이는 사랑과 희망을 상징한다. 언젠가 우리는 그 옛 숲의 요람에서 다시 만나기를 바란다.

이 마을 그리고 다른 마을들은 안전하게 남을 수 있을까? 마을 개발은 한 번에 한 걸음씩 앞으로 나아가는 반면, 전쟁은 몇 분 만에 모든 것을 파괴한다. 전쟁은 전통이나 삶을 존중하지 않는다. 무엇보다 나쁜 점은 전쟁이 희망을 파괴한다는 사실이다.

1965. 7. 12.

까우낀 마을

오늘처럼 더운 날, 마을로 돌아가는 것은 시원한 강에서 수영을
하는 것만큼이나 기쁜 일이다. 산들바람이 불고, 논과 야자나무
가 있는 풍경은 아주 상쾌하다. 사이공에 있는 우리 집은 견딜
수 없이 비좁고 답답하다. 종이로 된 천장은 열기를 전혀 막지
못하고, 정오가 되면 우리는 땡볕을 피해 아레카야자 나무 아래
그늘로 나가야 한다. 극심한 열기로 입맛마저 떨어진다.

 이웃인 뚜 씨가 방에 에어컨을 설치하라고 나를 설득했다.
그는 에어컨을 달면 좋은 점을 납득시키려고 최선을 다했다.
돈은 조금 들겠지만, 일을 두 배나 더 많이 할 수 있을 거라고
했다. 그 말은 사실이기도 하다. 이렇게 더울 때는 글을 쓰는
것이 불가능하다. 하지만 나는 에어컨을 사지 않기로 결정했
다. 돈이 문제가 아니다. 학장은 실제로 뚜 씨의 제안을 받아들

였고, 비싸지 않은 것을 하나 찾아보겠다고 했다. 그러면 우리
는 이 가난한 동네에서 에어컨을 가진 유일한 사람들이 될 것
이고, 그것은 우리를 보는 사람들의 시각을 바꿀 것이다. 중고
차가 있는 것과 에어컨이 있는 것은 전혀 다른 일이다.

그래서 나는 다른 해결책을 찾아보았다. 베이 씨는 사원 옆
2층 집에서 혼자 산다. 그는 아침 일찍 자전거를 타고 일하러
가서 저녁 때까지 돌아오지 않는다. 나는 그에게 낮 동안 그의
아래층 방을 쓸 수 있는지 물었고, 그는 허락했다. 사람들의 방
해를 받지 않고 글을 쓰거나 일을 하고 싶을 때, 나는 그저 옆
집으로 간다. 베트남에서는 친구 집에 가고 싶으면 그냥 들른
다. 그 누구도 먼저 전화를 하거나 약속을 따로 잡지 않는다.
집에 있지 않음으로써 나는 바빠서 함께 시간을 보내지 못하는
무례를 피할 수 있다. 하지만 하루에 몇 시간을 대학 사무실에
서 일하며 보낸다. 인정하건대 그것은 내가 가장 좋아하지 않
는 일이다.

더위를 피하는 또 다른 해결책은 동네 상인이 파는 차가운
디저트 수프를 마시는 것이다. 그녀는 베트남 중부 지방의 요
리처럼 녹두와 아레카야자 꽃으로 수프를 만든다. 나는 두 종
류를 모두 좋아한다. 베트남어로 달콤한 수프를 '쩨'라고 부르
는데, 쩨를 한 번도 맛보지 않은 사람에게 맛을 설명하는 것이
쉽지 않다. 하지만 쩨는 맛이 좋고, 상인들은 그것을 차게 해서
판다. 더운 날 작은 그릇 두 개에 담긴 쩨는 큰 잔에 담긴 시원

한 코코넛 우유 하나만큼이나 상쾌하다. 나와 달리 홍은 단 것을 좋아하지 않는다. 내가 쩨를 조금씩 음미하며 마시면, 그는 그냥 바라만 본다.

때때로 땀 행자나 만 스님 그리고 또안 스님을 우연히 만나면 함께 쩨를 즐긴다. 출판사를 책임지고 있는 또안 스님은 정오에 종종 들른다. 때때로 그는 녹두나 아레카야자 쩨 몇 그릇 값을 직접 치르기도 한다. 만 스님은 또안 스님과 함께 일하고 있다. 그들은 많은 책임을 함께 떠맡고 있다.

나는 이곳에 상주하는 직원인 꽝, 투와 함께 저녁을 먹기 위해 오늘 저녁까지 마을에 머물 것이다. 베이 여사는 우리에게 달콤한 박 두 개와 찹쌀 캔 몇 개를 사주었다. 마을 아주머니들은 꽝과 투를 아들이나 조카처럼 보살핀다. 박 수프는 마을 사람들이 신뢰하는 사람에게 베푸는 우정만큼이나 달콤하다.

투는 최근에 나눈 대화에 대해 말해주었는데, 그것은 내게 깊은 감동을 주었다. 어느 날, 투가 열심히 일하는 것을 보고 베이 씨가 그에게 물었다. "여기서 일하고 돈을 얼마나 받나?" 우리는 그런 질문을 종종 듣는다.

투는 "아저씨, 저희는 돈을 위해서가 아니라 공덕을 위해서 일합니다. 우리 스승님은 이웃을 돕기 위해 마을에서 좋은 일을 하는 것이 공덕을 짓는 일이라고 하십니다. 사원에서는 우리를 먹여주고 버스 차비를 조금 줍니다. 그것이 우리가 받는 월급의 전부예요."

베이 아저씨는 이해했다. 그리고 깊은 애정의 눈길로 투를 바라보았다. 틀림없이 그는 이 젊은이들이 얼마나 훌륭한지 생각하고 있었을 것이다. 그동안 그는 도시 젊은이들은 모두 버릇이 없고, 오직 시간을 즐기는 데에만 관심을 갖는다고 생각했다. 공덕을 짓는 것에 대해 관심을 갖는 젊은이가 있을 것이라고 누가 생각이나 했겠는가?

투의 대답은 완벽했다. 그것은 불교 경전에서 찾을 수 있는 그 어떤 것 못지않게 훌륭했다. 그의 말은 '참여 불교'의 의미를 표현한다. 공덕은 아시아 사람들에게 중요한 개념이다. 산스크리트어로 공덕은 '뿐야punya(불교에서 이번 생이나 다음 생에 이로움을 가져오는 좋은 업이나 미덕을 가리키는 말)'라고 일컫는다. 베트남의 모든 사원, 특히 시골의 사원에서 재가자들은 해야 할 일이 어떤 것이든 돕고자 시간을 낸다. 그들은 사원을 위해 한 일이 그들과 자식들에게 좋은 열매 — 물질적이든 정신적이든 — 를 가져올 것이라고 믿는다. 사원은 모든 사람들의 것이므로 사원에 도움이 되는 일이라면 그 어떤 일도 사람들에게 정신적으로 도움이 된다. 어떤 사람들은 한 달에 몇 번 오후 시간을, 또 어떤 사람들은 사나흘을 사원에서 봉사하는 데 쓴다. 몇몇 사람들은 도움을 주기 위해 사원에서 한 달 내내 보내기도 한다. 심지어 남은 생을 절에서 봉사하는 데 보내겠다고 맹세한 사람도 있다. 그들은 대개 나이가 많고 교육을 받지 못한 여성들인데, 그들은 명상보다는 선행으로 수행한다.

베트남의 참여 불교는 훌륭한 일이 사원에만 국한될 필요는 없다고 가르친다. 그것은 도시와 마을로 확대될 수 있다. 투는 베이 씨에게 설명했다. "사람들은 너무 많은 고통을 겪고 있어요. 그래서 부처님도 더이상 절에 앉아 계시지 않고 사람들을 향해 밖으로 나오셨어요."

나는 투가 얼마나 능숙하게 이 생각들을 표현하는지 보고 놀랐다. 부처님은 더이상 절에 앉아 계시지 않는다! 물론 부처님이 그렇게 앉아 있는 유일한 이유는 사람들이 거기에 그렇게 모셔두었기 때문이다. 하지만 부처님은 쌀과 바나나, 꽃 공양 속에 고립되어 있는 것을 원하지 않으신다. 부처님이나 보살들이 어떻게 실내에 머물 수 있겠는가? 만일 약사여래藥師如來가 그의 모든 시간을 절에서만 보낸다면 누가 사람들의 몸과 마음의 상처를 치유해 줄 것인가? 관세음보살이 고통받는 사람들의 울부짖음을 듣고 응답하고자 한다면 계속 움직여야만 한다. 부처님의 제자들이 사원 안에 자신들을 고립시키는 것은 온당하지 않다. 아니, 만일 그렇다면 그들은 더이상 부처님의 진정한 제자가 아니다. 부처님은 고통이 있는 곳에서 찾을 수 있어야 한다. 투는 그것을 완벽하게 표현했다. 우리가 무엇을 할 것인지를 말해주도록 테야르 드 샤르댕Teilhard de Chardin(1881~1955, 프랑스의 예수회 신부이자 고생물학자, 지질학자, 진화철학자), 칼 바르트Karl Barth(1886~1968, 스위스의 개혁교회 목사이자 신학자) 또는 마틴 부버Martin Buber(1878~1965, 20세기의 가장 위대한 사상가 중 한 명으로 꼽히는 오스트리아 출신의 유대계 사상가) 같은 유명한 신학자의 말을 빌리지 않아도 된다. 우리는 이미 우리 방식으로 불교의 가르침에 혁명을 가져올 준비가 되어 있다. 투와 같은 젊은이들은 생각과 행동을 통해서 새로운 불교의 흐름으로 가는 길을 이끌고 있다. 그들은 참여 불교의 탄생을 이끌고 있다.

종교는 베트남에 남아 있는 몇 안 되는 강한 사회체계 가운데 하나이다. 정치 환경과 전쟁은 다른 모든 것을 무너뜨렸다. 오랜 분쟁 속에 갇혀 힘든 시간을 보낸 사람들은 모든 공식 프로그램과 약속을 의심하게 되었다. 불행히도 많은 정치인들은 자신들의 야망을 위해서 종교를 이용하려고 한다. 종교의 진정한 가능성을 이해하는 정치인이 매우 드물기에 종교를 지지하거나 강화하기 위해 뭔가를 하는 정치인은 거의 없다. 그들은 이 순간 베트남의 역사에서 종교가 할 수 있는 중추적인 역할을 이해하지 못한다. 그렇기에 나는 젊은 청년들을 믿는다. 지도자들은 대부분, 심지어 종교 지도자들조차도 낡은 방식과 좁은 견해에 집착한다. 그들은 혁신을 가로막고 서 있다. 일부 지도자들이 마침내 주목하기 시작한 것은 진보적인 개인들의 흔들림 없는 노력과 갈수록 더욱 뚜렷해지는 경고의 울림 때문이다. 정치 지도자들은 마치 거북이처럼 조심스럽게 껍데기에서 머리를 쑥 내밀며 달리기에 참가한다. 그들을 일깨우려는 노력은 강화되어야만 한다. 그래야만 그들을 거북이에서 말로 변화시킬 수 있다.

신문이 보도하는 베트남 불교와 가톨릭 사이의 갈등은 전혀 근거가 없다. 베트남 불교도와 가톨릭 신자들의 생각과 행동은 거의 똑같다. 우리가 영성 수행을 할 수 있도록 한 집에 함께 있게 하라. 그러면 거기에 조화가 있을 것이다. 역사를 긴 안목으로 보는 영적인 사람들은 이성과 대화의 가치를 인식한다. 비록 다른 전통을 따르고 있다 할지라도 그들은 연대한다. 유일한 갈등은 변화를 반대하는 사람들과 용기 있게 변화를 가져오려고 노력하는 사람들 사이에 있다. 만일 베트남의 주요 종교들을 움직여서 사회의 진보를 위한 운동에 참여하게 할 수 있다면, 우리는 기적을 일으킬 수 있을 것이다. 종교 단체들이 함께 협력할 첫 번째 일은 재앙 같은 이 전쟁을 끝내라고 요구하는 일이다.

이 글을 쓰며 나는 프린스턴의 헐벗은 겨울나무들을 상상한다. 베트남도 역시 황량한 겨울을 지나고 있다. 춥고 어둡고 끝이 보이지 않는다. 우리의 날개는 길게 펼쳐진 얼음과 눈을 가로질러 믿음을 실어 나를 수 있을 만큼 충분히 강할까? 우리는 인류 가족들에게 잊히지 않기를 원한다. 우리는 밤낮으로 얼음과 눈을 견디고 있는 잎이 다 떨어진 나무들이다. 우리는 따뜻한 봄의 첫날을 간절히 기다린다.

하늘은 이제 막 소나기를 쏟아붓기 시작했다. 사이공의 내 방에는 의심할 여지 없이 비가 새고 있을 것이다. 양철 지붕에는 구멍 난 곳이 없지만 빗물은 틈새를 타고 스며들어 종이 지붕을 통해서 새어 나온다. 폭풍우가 올 때면 우리는 대야, 찻잔, 연필꽂이처럼 물을 받을 수 있는 것이라면 무엇이든 다 동원한다. 그 방은 아마 지금쯤 흠뻑 젖었을 것이다. 지금 이 순간, 똑같은 폭풍우 한가운데에서 거의 200명의 청년학교 학생들이 스스로 돕는 마을에서 살고 있다.

나는 내일이 무엇을 가져올지를 알지 못한다. 하지만 그 어떤 일이 일어난다 할지라도 내 친구들은 그들의 믿음을 빼앗기지 않으리라고 생각한다. 우리의 믿음은 흔들리는 토대나 신비한 이해에 바탕을 두고 쌓아 올린 것이 아니다. 그것은 무조건적인 사랑의 힘에 대한 믿음이다. 그것은 그 어떤 보답도 요구하지 않는다. 그리고 심지어 배신을 당해도 흔들리지 않는다. 만일 자신의 가장 깊은 질문을 존재의 핵심에 가져간다면, 당신의 피와 골수에 가져간다면, 아주 자연스럽게 생각과 행동 사이의 관계를 이해할 것이다. 나는 두서 없는 생각을 말하고 있는 것이 아니다. 가장 깊은 질문을 당신의 영혼으로 가져가는 것에 대해서, 그리고 당신의 감정, 당신의 꿈, 당신의 모든 경험, 말이나 개념으로 표현하는 것이 가장 어려운 것들에 대해서 말하고 있다. 이 사랑은 개인의 정신에서 비롯되지만, 그 정신이 점점 침식되고 갑작스럽게 파괴된다 하여도 이 사랑은 약해지지 않는다. 그것은 초월적이고 궁극적인 사랑이다. 보통의 사랑은 연인의 잘못이나 배신에 부딪치면 연기 속으로 사라지지만, 초월적인 사랑은 결코 시들지 않는다. 초월적인 사랑과 그 사랑의 대상은 양쪽 모두 분리된 자아를 갖고 있지 않기 때문이다.

작년에 대영박물관에 가보았다. 그곳에서 5천 년 전에 땅에 묻힌 인간의 몸이 보존되어 남아 있는 모습을 보았고, 이것이 마음을 사로잡았다. 그 몸은 무릎을 가슴에 대고 접은 채로 왼쪽으로 누워 있었다. 머리와 팔 그리고 다리가 왼쪽을 향하고 있었다. 그 남자의 몸은 세세한 것 하나까지 잘 보존되어 있었다. 머리카락, 발목, 손가락과 발가락 하나하나를 볼 수 있었다. 그는 그런 자세로 5천 년 전 사막에 묻혔다. 모래의 열기가 그의 몸을 건조시켰고 보존했다. 정신을 집중해 보고 있자니, 설명할 수 없는 느낌이 내 몸에 파문처럼 번졌다. 옆에 서 있던 여덟 살쯤 되어 보이는 작은 소녀가 우려로 가득찬 목소리로 물었다. "저에게도 이런 일이 일어날까요?"

나는 전율했다. 그리고 이 부드러운 인류의 꽃을, 자기를 지킬 그 어떤 수단도 없는 이 연약한 아이를 바라보며 말했다. "아니란다, 이런 일은 너에게 결코 일어나지 않을 거야." 그 아이를 위로한 뒤 그 아이와 함께 다른 전시실로 걸어갔다. 나는 부처님의 마부였던 찬다카가 싯다르타에게 결코 하지 않았던 거짓말을 했다.*

몇 주가 지나고 그 몸의 이미지가 나에게 다시 찾아왔다. 나는 한 무리의 학생들과 함께 파리에 있었고, 당시 베트남 노래 테이프를 틀어 타이탄의 목소리를 듣고 있었다. 그런데 갑자기 그 맑고 고귀한 소리를 내기 위해 떨리는 그녀의 성대의 모든 핏줄과 모든 세포를 보았다. 나는 타이탄을 단 한 번도 만난 적이 없었다. 하지만 언제나 목소리만큼이나 아름답고 강렬한 그녀의 모습을 상상해 왔다. 내가 만일 5천 년 후의 미래로 나를 데려갈 수 있다면 타이탄은 오래전에 피안으로 가고 없으리란 것을 깨달았다. 그 카세트테이프는 살아 있는 세포로 만들어진 것이 아니다. 거기에는 침이나 성대, 혹은 그녀의 간드러진 목소리에 표현된 느낌이 들어 있지 않다. 하지만 그 테이프가 5천 년 뒤에도 여전히 타이탄의 목소리를 낼 수 있다면, 그것은 정확히 무엇을 보존하고 있을 것인가? 듣는 사람을 어지럽게 하거나 해방의 미소를 짓게 할 수 있는 그 어떤 메시지일까? 세찬 바람이 사막을 가로질러 불어온다. 그리고 하늘로 먼지를 흩날린다. 나는 명상 스승인 쩐타이동陳太宗의 시가 떠올랐다.

폭풍우가 지나갔네.
하늘은 맑네.

- 사위 성 궁궐 밖에 나가 늙은 사람, 병든 사람, 죽은 사람을 생애 처음으로 목격하게 된 싯다르타 태자에게 마부 찬다카는 있는 그대로 숨김없이 인간은 누구나 늙고 병들고 죽을 수밖에 없는 존재라는 진실을 말해준다. 생로병사生老病死의 고통이 두려웠던 싯다르타는 마지막으로 출가 사문을 보고 늙음과 병듦과 죽음의 고통으로부터 해방된 열반의 자유를 누릴 수 있는 길을 찾아 출가를 결심하게 된다. 붓다가 출가에 이르게 된 동기는 부처님의 일생을 여덟 단계로 나누어 그린 불화인 팔상도八相圖 가운데 사문유관상四門遊觀相에 잘 표현되어 있다.

강물은 고요한 달을 비추고 있네.

지금은 밤 몇 시인가?

그날 밤 눈을 맞으며 밖을 걸은 뒤 감기에 걸리고 말았다. 웅우옌안이 약이 든 기름으로 내 등에 숟가락 마사지를 해주었다. 담요로 몸을 감싸기 전에 아스피린 두 알을 먹었는데 약기운이 돌면서 잠을 이룰 수가 없었다. 아스피린의 영향이 조금 있는 듯했다. 아스피린이 감기 증상을 덜어주기는 하는데 어떤 이유에서인지 항상 잠드는 걸 방해했다.

나는 몸을 뒤척였고 어느 순간 내가 대영박물관에 있는 그 몸처럼 똑같은 자세로 누워 있다는 사실을 깨달았다. 무의식적으로 두 손을 모아 내 살이 굳어져서 돌덩이가 되었는지 눌러보았다. 의식적인 마음이 이런 몸짓을 하진 않았지만, 그 행동이 어리석다고 거부하지도 않았다. 그 순간 나는 완벽한 평화를 느꼈다. 슬프거나 불안한 생각은 단 한 번도 마음속에 들어오지 않았다. 나는 5천 년이 된 화석의 몸과 지금 이 순간 침대에 누워 있는 내 몸이 똑같다는 것을 보았다. 과거, 현재 그리고 미래라는 생각이 다 무너졌다. 나는 시간과 공간 그리고 행위를 초월하는 실상의 빛나는 문턱에 서 있었다.

일어나 앉아 밤새도록 명상을 했다. 의식의 폭포가 내 존재를 타고 흘러내렸다. 커다란 빗방울과 소용돌이치는 시냇물이 나를 말끔하게 씻어주며 관통하고 지나갔다. 그리고 내게 자양을 주었다. 남아 있는 모든 것은 평화로움에 깊이 뿌리를 내리고 있었다. 나는 산처럼 앉았고 미소를 지었다. 만일 누군가가 나를 보았다면 아마도 소리쳤을 것이다. "그는 위대한 과제를 완성했다! 내일 아침 우리는 변화한 사람을 볼 것이다." 하지만 그다음 날 아침, 아무 변화도 없었다. 나는 7시에 펜을 들고 내 의식의 가장자리에서 맴돌고 있던 그 경험의 인상에 대해 몇 줄을 적었다. 나는 그 메모를, 뜻밖의 시의 편린들을 가지고 있다. 그런 다음 친구들과 함께 아침을 먹었다. 마치 밤새 아무 일도 일어나지 않은 것처럼. 우리는 전날의 토론에서 나온 계획을 짚어보고 미래에 대해서 이야기했다. 미래를 계획한다고? 나는 평범한 시간과 공간으로 돌아와 있었다.

사업의 세부 사항을 논의하면서, 나는 밤새 이런 일에서 멀리 있다고 느꼈던 사람이 다시 이런 일에 이렇게 쉽게 참여할 수 있다는 사실에 놀라움을 느꼈다. 밤에 겪은 내 경험의 관점에서 보자면, 이 사업들은 거대한 공성空性 가운데 있는 일시적인 깜박거림에 불과했다. 나는 이 사업들이 단순한 깜박거림이라는 것을 보았지만, 그것들을 향해 전적으로 다른 태도를 갖게 되었다. 나는 세세한 부분까지 온 마음을 다하여 집중할 수 있었다. 그럼에도 내 마음은 온전히 편안하게 머물러 있었다. 아무런 조급함도, 두려움도, 걱정도 느끼지 않았다. 나에게는 훨씬 더 많은 에너지가 있었다. 마치 마음에서 불순한 것들이 다 걸러진 것 같았다. 하룻밤이면 한 사람의 삶을 바꿀 수 있다. 나는 나의 진면목을 보았다. 나는 막 어떤 깨달음을 얻으려던 참이었다.

그와 같은 경험은 마음과 행동의 세계 사이의 연결을 밝히는 데 도움을 준다. 사랑은 어디에 있는가? 지금 쓰고 있는 이 글이 다른 사람들에게는 이해가 안 될지도 모른다. 나는 스티브에게 아무것도 걱정하지 말라고 말하고 싶다. 베트남에 평화가 다시 찾아오는 내일, 그는 프엉보이를 방문할 수 있을 것이다. 프엉보이는 우리에게 이 사랑이 무엇인지를 가르쳐주었고, 프엉보이는 그것을 야생의 꽃과 풀의 언어로 스티브와 함께 나눌 것이다. 프엉보이에는 '몽타나드'라는 집이 있었다. 그것은 이제 잿더미가 되었고 야생 버섯들만 무성하게 자라고 있다. 하지만 몽타나드의 집은 여전히 우리와 함께 있다. 마치 무상과 자아가 텅 비어 있음에도 불구하고, 그토록 많은 잔혹함과 눈먼 야심들에도 불구하고, 사랑이 여전히 남아 있는 것처럼 말이다. 만일 내일 우리가 불에 타서 재가 된다면, 그 재는 사랑일 것이다. 그리고 재는 꽃들을 피워내기 위해 대지의 가슴에 따뜻이 깃들 것이다. 꽃은 미워하는 법을 모른다. 우리는 영원한 사랑의 메시지를 사람들에게 전하기 위해 꽃과 풀, 새와 구름처럼 삶의 순환으로 돌아올 것이다. 마치 이 전쟁의 시간에도 여전히 노래를 부르는 마을 아이들처럼. "우리는 다른 사람들을 영원히 사랑할 거예요. 그리고 영원히 손에 손을 잡고 있을 거예요. 우리는 다른 사람들을 영원히 사랑할 거예요."

1966. 5. 11.

사이공

"향기로운 종려나무 잎"이라고 부르는 이 일기 모음은 검열을 통과하지 못할 것 같다. 만일 출판이 될 수 없다면 나는 친구들이 서로 돌려보기를 바란다. 오늘 밤하늘은 이상하게 환하다. 나는 내일 베트남을 떠나지만, 벌써 고국이 그립다. 그 어디에 가더라도 그곳에 별과 구름과 달이 있음을 안다. 그렇지만 반드시 고국으로 돌아오리라고 결심한다. 마음이 조금 싱숭생숭하지만 대체로 평온하다. 그것이 아무리 불완전할지라도, 나는 고요함을 느끼고 있는 동안 이 생각들을 나누고 싶다.

이해를 얻기 위해서는 당신이 배운 모든 것을 버려야 한다. 이것이 바로 〈금강경〉이 "A는 오직 그것이 A가 아닐 때만 A다"라고 말한 의미이다. 나는 이 말이 이상하게 들린다는 걸 안다. 하지만 살면 살수록 이 말이 진실임을 더 또렷이 본다. 배운 것에 집착하는 것은 처음부터 아무것도 배우지 않는 것보다 더 나쁘다. 내가 불교 연구소에서 배운 모든 것들이 뒤바뀌었다. 그러하기에 나는 거기에서 배운 것을 이해할 수 있다.

조금 전 DC-4 비행기가 사이공에 가까이 다가올 때, 나는 가장 아름다운 모양의 구름을 보았다. 해는 이미 저물었지만, 하늘을 나는 비행기 아래 펼쳐진 부드럽고 순수한 구름을 보기에 충분한 빛이 있었다. 그 구름은 마치 굽이치는 파도 위에 또 파도가 굽이치는 바다와 같았고, 가장 하얀 것보다 더 하얗고 가장 순수한 눈과 같았다. 나는 구름과 하나가 되었다. 그리고 구름만큼 부드럽고 순수해졌다. 인간들은 왜 부드럽고 하얀 구름과 융단처럼 펼쳐진 순수한 눈에 그토록 마음이 끌리는 것일까? 그것은 아마 우리가 순수하고 아름답고 청정한 것을 좋아하기 때문이리라. 그리고 우리가 우리 자신을 바라보고자 하는 그 방식으로 세상을 비추는 것을 좋아하기 때문이다.

순수함, 아름다움 그리고 청정함은 그 자체의 객관적인 존재를 가지고 있지 않다. 그것은 그저 우리 자신의 관점이다. 우리는 하얀 종이 한 장, 맑은 물 한 줄기, 음악의 달콤한 후렴구, 매력적인 남성이나 여성에게 똑같은 방식으로 응답한다. 아름다운 여인은 종종 눈이나 달, 또는 꽃에 비유된다. 자비로운 여성을 우리는 여신이나 부처님이라고 부른다. 그것은 여신이나 부처님이 아름답고 친절하다고 알려져 있기 때문이다. 우리는 아름답고, 순수하고, 청정하다고 여겨지는 것이라면 그 어느 것과도 연관되기를 원한다. 그리고 그런 것들이 그대로 있기를 바란다.

하지만 부패, 추악함, 잔인함 그리고 오염은 어떠한가? 우리는 앞다투어 순수하고 아름다운 쪽에 남고자 하고, 반대편을 쫓아버리고 싶어 한다. 대승 불교는 열반을 영원하고, 더없이 행복하고, 자유롭고, 순수한 것으로 묘사한다. 나는 열반을 설명하기 위해 고른 이 네 가지 미덕이 행복에 대한 특정한 생각에 우리 인간이 얼마나 집착하고 있는지를 보여준다고 생각한다.

〈반야심경〉은 그와 같은 관점을 산산이 부수기 위해서 만들어졌다. 관세음보살은 사물을 깊이 들여다본 뒤 미소 지으며 선언한다. "모든 현상은 공하다. 그것들은 나지도 않고 멸하지도 않는다. 더럽지도 않고 깨끗하지도 않다. 늘지도 않고 줄지도 않는다. 그러므로 공 안에는 형상도, 느낌도, 지각도, 정신적 형상도, 의식도 없다. 눈도 없고, 귀도 없고, 코도 없고, 혀도 없고, 몸도 없고, 마음도 없고, 형상도 없고, 소리도 없고, 냄새도 없고, 맛도 없고, 촉감도 없고, 마음의 대상도 없다."

비행기에 앉아 있을 때, 나는 이 모든 것을 다른 관점에서 보았다. 나는 물이 취하는 서로 다른 모습에 대해서 생각하고 미소 지었다. 그것은 맑은 액체, 얼음, 시냇물, 구름 또는 눈일 수 있다. 이 모든 모습은 H_2O다. 하지만 H_2O 자체는 영원하지 않으며 텅 비어 있다. 그것은 수소와 산소로 나뉠 수 있다. 하지만 그것들 역시 텅 비어 있다. 산소를 살펴보면 그것이 산소 아닌 요소들로 이루어져 있다는 것을 볼 것이다. 산소 아닌 요소들도 역시 비어 있다. 그리고 다른 요소들로 이루어져 있다. 그것은 모두 서로 의존하며 서로 연결되어 있다. 당신은 산소를 산소 아닌 것에서 분리할 수 없다. 하지만 산소와 산소 아닌 것이 똑같다고 말할 수도 없다.

우리는 이 계속 변화하는 세상에서 뭔가 영원한 것, 궁극적인 진리를 붙들고 싶어 한다. 만일 내가 세상에서 가장 아름답고 가장 중요한 것이 무엇인지 스스로에게 물은 다음 "물"이라고 대답했다고 하자. 물은 거울처럼 맑을 수 있다. 그것은 산꼭대기를 뒤덮을 수도 있고 해안가의 소용돌이치는 파도가 될 수도 있다. 물이 없다면 땅이 마르고 사라져버릴 것이다. 그러므로 나는 물이 가장 아름답고 중요하다고 말한다. 하지만 만일 내가 멈추어서 불을 생각해 보면, 삶이 태양의 빛이나 따뜻함 없이 존재할 수 없다는 것 또한 깨닫는다. 사실 빛이 없다면 어떻게 아름다운 것을, 아름답지 않은 것을 구분할 수 있겠는가? 빛이 없다면 그 누가 거울처럼 맑은 물과 산꼭대기를 뒤덮고 있는 눈과 해안가에서 소용돌이치는 파도를 볼 수 있겠는가? 나는 이 진리를 이해할 것 같다. 하지만 만일 물에 집착한다면 나는 눈을 감아버리고 오직 물에만 집착할 것이다. 그것은 무명이다. 그렇지 않은가?

어떤 사람들은 현상의 지속적인 변화가 환생에 대한 믿음을 뒷받침한다고 주장한다. 당신은 아직 어렸을 때, 그 믿음을 버렸을지도 모른다. 그것이 윤회할 수 있는 따로 떨어진 영원한 자아 또는 영혼의 존재를 상정한다고 이해하며 말이다. 실제 따로 떨어진 자아는 없고, 따로 떨어진 영원한 정체성을 가진 산소나 수소도 없다. 하지만 공의 세계는 영원한 기적으로 자신을 드러낸다. 거기에는 일종의 환생이 있다. 비록 우리가 깊이 들여다볼 때 그 어느 것도 영원하지도 무상하지도 않고, 순수하지도 더럽지도 않으며, 친절하지도 잔인하지도 않고, 아름답지도 추하지도 않을지라도. 아이들에게 이런 말들을 되풀이하지 마라. 아이들의 눈은 아직 충분히 크게 떠지지 않았다. 그들은 만약 선도 악도 없다면, 도덕에 따라 살 어떤 이유도 없다고 결론을 내릴지도 모른다.

선택이 주어진다면, 당신은 더러움 대신 순수함을, 고통 대신 행복을, 잔인함 대신 친절을 선택하지 않겠는가? 그것은 분명하다. 하지만 우리 대부분은 순수함, 행복 그리고 친절을 선택하기 위해서 더러움과 고통 그리고 잔인함을 파괴해야만 한다고 추정한다. 그것들을 파괴하는 것이 가능한가? 만일 부처님의 가르침인 "이것은 존재한다. 저것이 존재하기 때문이다"라는 말이 진실이라면 순수함에는 더러움이 있을 것이다. 만일 더러움을 파괴한다면 순수함도 동시에 파괴하게 된다. "이것은 존재하지 않는다. 저것이 존재하지 않기 때문이다." 그것은 우리가 더러움, 잔인함 그리고 고통을 가꾸어야 한다는 것을 의미할까? 물론 그렇지 않다.

반대되는 모든 쌍은 아뢰야식에서 우리 자신의 마음에 의해서 만들어진다. 우리는 행복과 고통을 거대한 분투로 만든다. 만일 관세음보살이 그랬던 것처럼 우리가 오직 실상의 진정한 면목을 꿰뚫어 볼 수 있다면, 모든 슬픔과 불운이 연기처럼 사라질 것이다. 그리고 우리는 실제로 '고통을 극복할 것'이다.

부처님의 미소를 보라. 온전히 평화롭고 자비롭다. 그것이 부처님께서 당신과 나의 고통을 진지하게 받아들이지 않는다는 의미일까? 부처님은 모든 존재가 부처님이 될 것이기에, 그 누구도 소홀히 하지 않는다는 것을 알리기 위해 상불경보살을 보냈다.

어쩌면 부처님의 미소에 대한 나의 반응은 어린애 같은 '열등감'에서 비롯된 것일지도 모른다. 그것은 분명 자기 존중의 느낌에서 비롯된 것은 아니다. 부처님께선 열반과 윤회를 단순한 공의 깜박거림으로 보기에 그 앞에서 우리는 보잘것없고, 서툴고, 어리석은 존재라고 느끼기 쉽다. 그러나 나는 부처님께서 우리에게 자비를 느낀다는 것을 확신한다. 부처님께서 자비를 느끼는 이유는 우리가 고통을 겪고 있기 때문이 아니라, 우리가 길을 보지 못하기 때문이고, 그것이 바로 고통의 원인이기 때문이다.

어렸을 때부터, 나는 자비의 본성을 이해하려고 노력해 왔다. 하지만 내가 배운 약간의 자비는 지적인 탐구가 아니라 실제적인 고통의 경험에서 나왔다. 밧줄을 뱀으로 착각한 사람이 자신의 두려움을 자랑스러워하지 않는 것처럼, 나는 내 고통이 자랑스럽지 않다. 내 고통은 단지 밧줄에 불과하고, 한 방울의 공일 뿐이었다. 그것은 너무도 사소하여 새벽녘 엷은 안개처럼 사라져야만 한다. 하지만 그것은 사라지지 않았고, 나는 그것을 견딜 수가 없다. 부처님께선 내 고통을 보지 못하셨을까? 그는 어떻게 미소를 지을 수 있을까?

사랑은 표현을 찾는다. 낭만적인 사랑, 어머니의 사랑, 나라에 대한 사랑, 인류를 향한 사랑, 모든 존재를 위한 사랑. 당신이 누군가를 사랑하면 그 사람을 염려하며 그들이 안전하기를, 나와 가까이 있기를 바랄 것이다. 당신은 사랑하는 사람을 당신의 생각에서 내보낼 수가 없다. 부처님께서 끝도 없는 중생의 고통을 목격할 때 그는 틀림없이 깊이 염려할 것이다. 어떻게 거기 그냥 앉아서 미소를 지을 수가 있을까? 하지만 그것을 생각해 보라. 앉아 있고 미소 짓는 모습으로 그를 조각한 것은 바로 우리이다. 그리고 우리가 그렇게 한 데에는 이유가 있다. 사랑하는 사람을 걱정하면서 밤을 지새우다 보면, 현상의 세계에 너무 집착하게 되어 당신은 아마도 실상의 진면목을 볼 수 없을 것이다. 환자의 상태를 정확하게 이해하는 의사는 그냥 앉아서 천 가지의 서로 다른 설명이나 환자 가족이 갖고 있을 온갖 불안에 집착하지 않는다. 그 의사는 환자가 회복하리란 사실을 안다. 그러하기에 환자가 아플 때도 여전히 미소를 지을 수 있다. 의사의 미소는 불친절이 아니다. 그것은 단지 상황을 이해한 사람 그리고 불필요한 근심을 하지 않는 사람의 미소이다. 내가 어떻게 위대한 자비, 마하카루나^{mahakaruna}(대자비를 의미하며 모든 중생을 고통에서 벗어나게 하리라는 서원을 가진 보살의 자비를 가리킴)의 진정한 본성을 말로 할 수 있겠는가?

검은 진흙과 하얀 눈이 추하지도 아름답지도 않다는 것을 보기 시작할 때, 차별이나 이원성 없이 그것들을 바라볼 수 있을 때, 우리는 비로소 위대한 자비를 이해하기 시작한다. 위대한 자비의 눈에는 왼쪽도 오른쪽도, 친구도 적도, 가깝고 먼 것도 없다. 위대한 자비가 생명 없이 죽어 있다고 생각하지 마라. 위대한 자비의 에너지는 빛나고 경이롭다. 위대한 자비의 눈에는 주체와 대상 사이의 구별도 없고, 따로 떨어진 자아도 없다. 그 어떤 것도 위대한 자비를 방해할 수 없다.

만일 잔인하고 폭력적인 사람이 당신의 내장을 꺼내더라도 미소 지으라. 그리고 사랑으로 그를 바라보라. 아무 생각 없이 그렇게 행동하게 만든 것은 그의 교육, 그의 상황 그리고 그의 무지이다. 그를 보라. 당신을 파괴하기 위해 작정하고 덤벼든 자, 당신 위에 불의를 쌓아 올리는 자를 사랑과 자비의 눈으로 보라. 자비가 당신의 눈에서 쏟아지게 하라. 단 하나의 비난이나 화의 물결도 당신 가슴속에서 일어나지 않게 하라. 그는 당신에게 어리석은 범죄를 저지르고 당신을 고통스럽게 한다. 그것은 그가 평화와 기쁨, 이해에 이르는 길을 볼 수 없기 때문이다.

만일 어느 날 내가 누군가의 잔인한 행위로 죽었다는 소식을 듣는다면, 내가 평화로운 마음으로 죽었음을 알라. 마지막 순간에 화에 굴복하지 않았음을 알라. 우리는 결코 다른 존재를 미워해서는 안 된다. 만일 이 자각을 일으킬 수 있다면 당신은 미소 지을 수 있다. 나를 기억하면서 당신은 자신의 길을 계속 갈 수 있다. 당신은 그 누구도 앗아갈 수 없는 귀의처를 갖게 될 것이고, 그 누구도 당신의 믿음을 방해할 수 없다. 그 믿음은 현상 세계 안에 있는 그 어떤 것에도 의존하지 않기 때문이다. 믿음과 사랑은 하나이며, 오직 현상 세계의 텅 빈 본성을 깊이 꿰뚫어 볼 때 나올 수 있다. 그때 당신은 모든 것 속에 있고 모든 것이 당신 속에 있다는 것을 볼 수 있다.

오래전 나는 한 스님의 이야기를 읽었다. 그 스님은 자기의 귀를 잘라버리고 피부를 칼로 뚫은 잔인한 왕을 향해 전혀 화를 느끼지 않았다. 그 글을 읽었을 때 그 스님이 어떤 신 같은 존재가 틀림없다고 생각했다. 내가 아직 위대한 자비의 본성을 알지 못했기 때문이다. 그 스님에게는 억눌러야 할 그 어떤 화도 없었다. 그에게 있는 것은 오직 사랑의 마음이었다. 우리가 그 스님 같은 존재가 될 수 없도록 가로막는 것은 없다. 사랑은 우리 모두가 부처님처럼 살 수 있음을 가르친다.

내일 아침 나는 떠나야 한다. 오늘 밤 내가 쓴 글을 다시 읽을 시간은 없을 것이다. 하지만 내일 나는 흥을 잠깐 볼 것이고 축복받은 우리 조국을 떠나기 전에 그에게 이 원고를 건네줄 것이다.

틱낫한재단
THICH NHAT HANH FOUNDATION

자비의 씨앗 심기

틱낫한재단은 모든 사람, 동물, 식물, 그리고 우리 지구의 고통을 변화시키고 평화를 촉진하기 위해 틱낫한 선사의 마음챙김 가르침과 수행을 계승하며 일하고 있습니다. 수천 명의 너그러운 후원자들의 기부를 통해서 전 세계에 있는 플럼 빌리지 수행 센터와 스님들의 삶이 유지될 수 있고, 수행에 쉽게 접근할 수 없는 사람들이 변화를 가져오는 수행을 만날 수 있으며, 지역 사회에 마음챙김을 도입하려는 노력을 뒷받침하고, 위기에 처한 베트남 공동체에 인도주의적인 도움을 줄 수 있습니다.

한 사람의 후원자가 되면 당신은 삶을 바꾸는 이 마음챙김의 수행과 자애로운 말, 깊은 경청 그리고 자기 자신과 서로를 위한, 더 나아가 지구를 위한 자비를 배우고 나누기를 바라는 수많은 다른 사람들과 함께할 수 있습니다.

마음챙김을 지원하도록 도울 수 있는 방법에 대해 더 많은

정보를 원하거나, 여러 가르침과 새로운 소식 그리고 세계 곳
곳에서 열리는 안거에 대한 정보를 접할 수 있는 재단의 월간
소식지를 구독하고 싶으신 분은 tnhf.org를 방문하시기 바랍
니다.

　······

　틱낫한 선사가 설립한 비영리 출판사 패럴랙스 프레스는 마
음챙김의 삶의 예술 그리고 참여 불교에 대한 책과 매체를 펴
냅니다. 우리는 고통과 불의를 변화시키도록 돕는 가르침을 제
공하는 데 헌신합니다. 우리의 염원은 집단적인 통찰과 깨어남
에 기여하며 더 기쁘고, 건강하고, 자비로운 세상을 가져오는
것입니다.

　parallax.org.에서 전체 도서를 보시기 바랍니다.

수도자와 방문객은 세계 곳곳에 있는 마음챙김 수행 센터에서 틱낫한의 전통에 따라 마음챙김의 삶의 예술을 수행합니다. 이 공동체 가운데 어떤 곳에 연락하고 싶거나 개인, 커플, 가족이 안거에 참여할 수 있는지 정보를 얻고 싶다면 아래 내용을 참고하시기 바랍니다.

플럼 빌리지 PLUM VILLAGE

33580 Dieulivol, France

plumvillage.org

매그놀리아 그로우브 사원 MAGNOLIA GROVE MONASTERY

Batesville, MS 38606, USA

magnoliagrovemonastery.org

블루 클리프 사원 BLUE CLIFF MONASTERY

Pine Bush, NY 12566, USA

bluecliffmonastery.org

디어 파크 사원 DEER PARK MONASTERY

Escondido, CA 92026, USA

deerparkmonastery.org

유럽 응용불교 연구소 EUROPEAN INSTITUTE OF APPLIED BUDDHISM

D-51545 Waldbröl, Germany

eiab.eu

태국 플럼 빌리지 THAILAND PLUM VILLAGE

Nakhon Ratchasima

30130 Thailand

thaiplumvillage.org

아시아 응용불교 연구소 ASIAN INSTITUTE OF APPLIED BUDDHISM

Lantau Island, Hong Kong

pvfhk.org

라 메종 드 랭스피르 LA MAISON DE L'INSPIR

77510 Verdelot, France

maisondelinspir.org

힐링 스프링 사원 HEALING SPRING MONASTERY

77510 Villeneuve-sur-Bellot, France

healingspringmonastery.org

스트림 엔터링 사원STREAM ENTERING MONASTERY

Beaufort, Victoria 3373, Australia

nhapluu.org

틱낫한의 전통 가운데에서 마음챙김의 삶의 예술을 함께
나누는 잡지 《마음챙김의 종The Mindfulness Bell》은 1년에 세 차
례 나옵니다. 정기구독을 원하거나 전 세계에 있는 공동체의
주소록 또는 지역의 마음챙김 모임을 알고 싶다면 홈페이지
mindfulnessbell.org를 방문하시기 바랍니다.

Fragrant Palm Leaves